THE OLD ENGLISH VERSION, WITH THE LATIN
ORIGINAL, OF THE

## Enlarged Rule of Chrodegang.

AN OLD ENGLISH VERSION, WITH THE LATIN
ORIGINAL, OF THE

## Capitula of Theodulf.

AN INTERLINEAR OLD ENGLISH RENDERING
OF THE

## Epitome of Benedict of Aniane.

ꝥ preosta sceolon beon ҩode ꝥ ȝe hyrsume. ꝥ hi on heora moðre ne ƿyðer cƿeðen ne. ne þon hiȝ ne oðe. ac cla꞊ne. ꝥ hyrre. ȝehyldȝe ƿhyllen oð. ꝥ nan biscop. ꝥ lupian þone preost hy pro ꝥ ascu꞊ man heo ar lahteꝥ aꝥ. ꝥ reȝe þapan ꝥ hyȝeon. ac sona snotꝥ lice hia sinȝon oð. ꝥ aꝥ mon þonne in oð ꝥ um iuh bæ boðað. þ hi ꝥ l ꝥ þy ꝥ lice nehl bon. ȝy ma þon þone æꝥ e diacon oððe þone preost. aȝꝥ e þlig ꝥ ullon moðrȝan. oððe ꝥ puntan. oððe ꝥ phæȝ n haꝥ h tan ȝe feasonyſſe æfter ȝoð ſ bebeode. ſcyppe hni ma ant oððe ti ꝥ a. iȝ þ hi na ȝe fpican. ſcyppe hunſe byſcop æꝥ æ ƿ hropa ȝylꝥ meðe. ȝ þ hi þonne ȝꝥ e ƿl lenȝ e ſpican. do himan oþ hropa pruðminꝥ te. ꝥ fetꝥ e oð ꝥ e to beȝoð y ſuhꝥ . þaꝥ biſcopꝥ y ȝ beoð æfter ȝoð cumð licum b eboðum bꝥ man ſillon. ꝥ ꝥ De cellꝥ ario.

Cell ararius debet uir eo t amen eſſe dm. ſobrius nouin uolenuſ. non contenuoſiſ. non macundaſ ſed modeſtuſ moribus cautuſ & fidelis. non ſuphuſ non tardus. non pꝥ digus non remiſſus ex æque quod accepit ſub eiuſ ſuꝥ ad opuſ clericorum cuſtodiat. nõ miniſtri ibidem deputati annonam ſtrin dut ſuſtam ſub ripiendo. aut alicui oblix & modo neglegenter imuendo diſſipent. In uero ſamuli ciꝥ imar de fideliſſima. ꝥ ecclꝥ ſam ſia. & his officiꝥ ſ diligencer erudiantur. Ut ſcilicet & pſtora. aſte & fidei puritate. neccſſitatibus ſmſ opoſtuniſſime ualeant. ſubfragari. eadem quaſ forma de꞊cor ꝥ ſeruanda eſt. ꝥ e. Be þa hep. oc pa

The Old English version of the enlarged rule
of Chrodegang together with the
Latin Original.

An Old English version of the Capitula of
Theodulf together with the Latin Original.

An interlinear Old English rendering of the
Epitome of Benedict of Aniane.

BY

ARTHUR S. NAPIER,

M.A. (Oxford), D.Litt. (Oxford and Groningen), Litt.D. (Victoria University),
Ph.D (Göttingen), F.B.A.,
MERTON PROFESSOR OF ENGLISH LANGUAGE AND LITERATURE
IN THE UNIVERSITY OF OXFORD.

LONDON:
PUBLISHED FOR THE EARLY ENGLISH TEXT SOCIETY,
BY KEGAN PAUL, TRENCH, TRÜBNER & CO., Ltd.,
68–74 CARTER LANE, E.C.,
AND BY HUMPHREY MILFORD, OXFORD UNIVERSITY PRESS,
AMEN CORNER, E.C.

# OXFORD
UNIVERSITY PRESS

Great Clarendon Street, Oxford OX2 6DP
United Kingdom

Oxford University Press is a department of the University of Oxford.
It furthers the University's objective of excellence in research, scholarship,
and education by publishing worldwide. Oxford is a registered trade mark of
Oxford University Press in the UK and in certain other countries

© The Early English Text Society 1916

The moral rights of the authors have been asserted

Database right Oxford University Press (maker)

First Edition published in 1916

All rights reserved. No part of this publication may be reproduced,
stored in a retrieval system, or transmitted, in any form or by any means,
without the prior permission in writing of Oxford University Press,
or as expressly permitted by law, or under terms agreed with the appropriate
reprographics rights organization. Enquiries concerning reproduction
outside the scope of the above should be sent to the Rights Department,
Oxford University Press, at the address above

You must not circulate this book in any other form
and you must impose this same condition on any acquirer

Published in the United States of America by Oxford University Press
198 Madison Avenue, New York, NY 10016, United States of America

British Library Cataloguing in Publication Data
Data available

Library of Congress Cataloging in Publication Data
Data available

Original Series, 150

ISBN 978-0-85-991891-6

# TEMPORARY PREFACE.

I HEREWITH print the three texts mentioned in the title-page together with a few necessary notes on the MSS., arrangement of the text, &c. A fuller introduction, together with notes and a glossary, is in preparation. In all three texts letters or words enclosed in ( ) are written over the line. Those in [ ] are not in the MS. but have been added by me. A | in the footnotes indicates line division.

A. S. N.

# CONTENTS.

INTRODUCTION.     PAGE

§ 1. The Chrodegang MS. . . . . . . vii
§ 2. The Latin Text of the *Regula Chrodegangi* . . vii
§ 3. Arrangement of the English Chrodegang Text . ix
§ 4. Arrangement of the Latin Chrodegang Text . . ix
§ 5. The British Museum Chrodegang Fragment . . x
§ 6. The *Capitula* of Theodulf . . . . . x
§ 7. The *Epitome* of Benedict of Aniane . . . xi

TEXTS.

I. The Old English Version of the Enlarged Rule of Chrodegang, together with the Latin original . 1
II. Fragments of Chrodegang's Rule . . . 100
III. Fragment of an Old English Version of the *Capitula* of Theodulf, together with the Latin original . . . . . . . . 102
IV. The *Epitome* of Benedict of Aniane . . . 119

APPENDIX.

List of Corrections and Alterations in the Latin portions of MS. C.C.C. 191 . . . . . . 129

# INTRODUCTION.

§ 1. *The Chrodegang MS.* Corpus Christi College, Cambridge, MS. 191.[1]

Folio, 11⅜ × 6⅞ in. Written in one hand throughout[2] in the second quarter of the eleventh century. It consists of 168 pages, the last page being blank. Between pp. 2 and 5 a leaf is missing, and a fresh leaf has been inserted by the binder on which there is a note in a sixteenth-century hand to the effect that the Latin headings are wanting down to cap. 31. On the fly-leaf is a note by Parker stating that the work was written in Latin by Theodore, Archbishop of Canterbury,[3] and translated into English by Ælfric. The first few leaves have been injured and paper has been pasted over the edges to mend them. The headings of the Capitula are in red, sometimes in capitals, sometimes in small letters. The initials are in red, blue, and green. In my text I have modernized the punctuation and the use of capitals and small letters.

§ 2. *The Latin Text of the Regula Chrodegangi.*

In a detailed article in the *Neues Archiv der Gesellschaft für ältere deutsche Geschichtskunde*, xxvii (1902), p. 646,[4]

---

[1] For a detailed description of the MS. cp. Montague R. James, *Descriptive Catalogue of the MSS. in the Library of Corpus Christi College*, Cambridge, i. 463.

[2] M. James states that it is in two hands, but a careful and repeated examination of the MS. convinces me that the handwriting is the same throughout. I give collotype reproductions of pages 29 and 114.

[3] Lord Selborne, *Ancient Facts and Fictions concerning Churches and Tithes*, 2nd Ed. 1892, pp. 264-270, pointed out that the work is the enlarged Rule of Chrodegang, as did also, independently, Miss Bateson, *Engl. Hist. Review*, 1894, p. 699. That the Old English translation is not the work of Ælfric needs no proof.

[4] I have to thank Mr. Edmund Bishop for kindly calling my attention to this article.

Albert Werminghoff arrives at the following classification of the existing MSS. of Chrodegang's rule:—

(1) The original recension of Chrodegang (Bishop of Metz, 742-766) consisting of Preface, List of Capitula, and 34 Capitula. MSS. in Bern and Leiden. Ed. W. Schmitz, Hannover, 1889.

(2) Recension, with additions, by Angilram, Chrodegang's successor. Also containing Preface, List, and 34 Capitula. MS. Rome, Vatican Pal. 555. Ed. Migne, *Patr. Lat.* lxxxix, 1097, &c.

(3) Generalized (*Verallgemeinernde*) Recension, based on No. 2, but all references to Metz churches are cut out. Preface, List, and 34 Capitula. MS. Leiden. Schmitz gives variant readings in his edition of No. 1.

(4) Interpolated version, with extensive interpolations from the Council of Aachen 816, &c. W. finds that there are two classes of MSS. of this version.

(4 *a*) Preface as in Nos. 1, 2, and 3, and 86 Capitula. MSS. Paris and Rome. Ed. D'Achery. *Spicilegium*, Migne lxxxix, 1057, &c.

(4 *b*) The Preface differs from that of the foregoing in that it is compiled from Chrodegang's Preface and that of the Council of Aachen. It contains 84 Capitula—Capitula 5 and 6 in (4 *a*) being omitted. Contained (i) in MS. Brussels 8558-8563, which is in Anglo-Saxon handwriting, but only gives the Latin text. (ii) MS. C.C.C. 191, which is printed in this volume. These are the early MSS. of this version.[1]

---

[1] W. mentions three further London MSS.—(i) MS. Harley 440, which is, however, merely a copy of the C.C.C. MS. made in the seventeenth century by Abraham Whelock. (ii) MS. Cotton Vitellius D. vii. This contains only a brief extract, written in the sixteenth century by Joscelin, of 2 or 3 lines of Cap. 62, both Latin and English—not, as stated by Miss Bateson and M. James, in Latin only. (iii) MS. Cotton Galba E. iv, which does not contain a text at all, but merely a list of Christ Church books, amongst which there is mentioned a *Regula Canonicorum Anglice.* There was, according to W., a MS. in Rome, now disappeared, and a MS. in Verona contains Cap. 2 only.

### § 3. *Arrangement of the English Chrodegang Text.*

I have followed the MS. closely, making but few alterations, all clearly indicated in the foot-notes. Throughout the MS. a number of corrections and alterations have been made over the line. Many of them, indeed most, I believe to be by the scribe; in some cases, however, I cannot be sure, and in other cases they are evidently by a different hand. In those cases where they are clearly due to the scribe or may have been made by him I make no remark, but where they are, in my opinion, by a different hand, I mention it in the notes. As a rule I adopt alterations by the scribe in the text, but in some cases, where an older form has been replaced by a newer (e.g. $20^{16}$ *belocenů*; $65^8$ *ætywên* subj. &c.), I retain the reading of the MS., as being presumably that of the MS. from which the Corpus Codex was copied.

There is a tendency in the MS. to drop a final $n$, and in my text I have retained the MS. reading: $6^{20}$, $67^{34}$ *næbbe* for *-en*; $14^{33}$, $14^{36}$, &c., *ma* for *man*; $19^{20}$ *belimpe* for *-en*; $29^3$ *andwearda* for *-an*; $30^4$ *undertide* for *undern-*; $33^{13}$, $79^{15}$ *twy*; $36^{30}$ *a* for *an*; $74^{16}$ *acuma*; $88^{25}$ *buto*; $99^1$ *fruma*; $99^3$ *lære*.

There are also signs of a tendency to confuse unaccented *a* and *e*, and in these cases also I have followed the MS.: (i) *e* for *a*: $7^9$ *forbeodeð* for *-dað*; $7^{16}$ *þære* for *þæra*; $18^{30}$ *forhicgen*; $51^{33}$ *pearfene* for *-na*; $61^{31}$ *fæstene*; $82^{26}$ *þenunge*. (ii) *a* for *e*: $6^{16}$ *-nessa* for *-nesse*; $6^{28}$ *druncan* for *-cen*; $33^{17}$ *ansyna*.

### § 4. *Arrangement of the Latin Chrodegang Text.*

As the Latin text has been added merely for the sake of throwing light on the OE. translation, I have not considered it necessary to give the readings in the same details as in the case of the OE. A considerable number of alterations have been made in the Latin text by the scribe or in contemporary hands, but I have not attempted to distinguish them. In most cases I have adopted the alteration in my text, though I fear not always consistently, but as I have mentioned all such corrections in the Appendix,[1] the actual reading of the MS. in any case can be easily ascertained. In the Latin text contractions are not always indicated, nor are erasures mentioned unless accompanied by an alteration of the reading. In some cases I add the divergent readings of Migne in my text, where the Corpus MS. is obviously wrong, but here again I can lay no claim to consistency.

### § 5. *The British Museum Chrodegang Fragment.*

MS. Addit. 34652 is a volume containing a miscellaneous collection of MS. and printed scraps in various languages. Two leaves (foll. 2 and 3) contain Old English eleventh-century fragments, both of which I printed in the American *Modern Language Notes*, xii (1897), p. 53 sqq. The first is a genealogy of the West-Saxon Kings,[2] and the second the Chrodegang fragment.[3] The two leaves are entirely independent of one another and are evidently taken from two different MSS.

### § 6. *The Capitula of Theodulf.*[4]

This text, Latin and English, of a portion of the *Capitula of Theodulf*[5] (Bishop of Orleans, ca. 785–818), is taken from MS. Bodley 865 (Summary Catalogue, No. 2737), and is in the handwriting of the early part of the eleventh

---

[1] The English text of Chrodegang was already in type before I decided to add the Latin text. Hence notes on the Latin text had to be relegated to the Appendix.

[2] Cp. W. H. Stevenson, *Asser's Life of King Alfred*, Oxford, 1904, p. 153.

[3] Cp. also *Mod. Lang. Notes*, xviii (1903), p. 241.

[4] There is another quite independent O.E. translation of the *Capitula* printed under the title of *Ecclesiastical Institutes* by Thorpe in his *Ancient Laws and Institutes of England*, ii, pp. 400–442.

[5] The Latin text is printed in Migne, *Patr. Lat.* cv, 191.

century. The MS. measures 10½ × 6⅞ in., and was presented to the Bodleian by the Dean and Chapter of Exeter in 1602.[1]

§ 7. *The Epitome of Benedict of Aniane* (ca. 750–821).[2]

This interlinear text is taken from the Cotton MS. Tiberius A. iii, fol. 164 (Brit. Museum), in a hand of the middle of the eleventh century.[3] I have followed the MS. exactly, both as regards punctuation and the use of capitals.

[1] MS. Bodl. 865 consists of three independent parts bound together: (i) Ricardi Armacani Sermones, ff. 1–88ᵇ. Fifteenth century. (ii) Latin Dialogue between Magister and Discipulus, ff. 89–96ᵇ. Eleventh century. (iii) Theodulf's Rule, ff. 97–112ᵇ. Early eleventh century. I give a collotype reproduction of fol. 107ᵃ.

[2] Cp. Miss Bateson, *Engl. Hist. Review*, 1894, p. 693. The Latin text is printed in Migne, *Patr. Lat.* lxvi. 938.

[3] A full description of the MS. is given by Max Förster in *Archiv für das Studium der neueren Sprachen und Literaturen*, cxxi (1908), p. 30.

# I

## THE OLD ENGLISH VERSION OF THE ENLARGED RULE OF CHRODEGANG, TOGETHER WITH THE LATIN ORIGINAL.

[MS. 191, Corpus Christi Coll. Cambridge, p 1.]

Si trecentorum decem et octo reliquorumque sanctorum patrum canonum auctoritas inuiolata semper duraret, et episcopus atque clerus secundum eorum rectitudinis normam uiuerent, superfluum uideretur a nobis exiguis super hanc rem tam ordinate dis- 4 positam aliquid noui retractare aut dicere. Sed dum pastorum subditorumque neglegentia ex his temporibus nimium creuit, quid aliud agendum nobis est, qui in tam graui discrimine uenimus, nisi ut, quantum possumus, si non quantum debemus, ad rectitudinis 8 lineam, Deo inspirante, clerum nostrum reducamus? Igitur, diuino fulti auxilio, adgrediamur paruum decretulum facere per quod se clerus ab inlicitis coerceat, et otiosa deponat, mala diu longeque usurpata derelinqu[a]t, illius uidelicet amore qui nos, si emendemus 12 in melius, suo sancto et pretioso nos redemit sanguine. Vigilante ergo studio instructionis formam colligere studeamus in qua plane contineatur qualiter prelati uiuere et subiectos regere, et in Dei seruitio constringe[re], et bene operantes et ad meliora prouocare, 16 proteruos et neglegentes debeant corripere, quatinus formula hac uiuendi inspecta, et Deo sibi adiutorium prebente humiliter suscepta, et efficaciter im[pleta] [p. 2] cum bonorum operum lampadibus uenienti sponso apparere atque eius thalamum ingredi mereantur, 20 quia nec infelix potest iudicari cui contigerit qualemcunque partem in paradisum (*M.* -so) habere; sed illis ibidem sors datur, qui in quantum possunt, per uite meritum, ad hoc, in huius temporis curriculo, dum licet currere, festinent. 24

Gif þæra þreo hundred 7 eahtatyne fædra þe wæron gesamnode

on þam sinoðe þe we Nicena nemnað, 7 oðra haligra fædera gesetednyssa wæron ungewemmedlice gehealdene, 7 gif ægðer ge biscopas ge preostas æfter heora rihtan gesettednesse [l]if(e)don, þonne wære hit oferflowennis us litlingum awiht niwes to trahtnienne oððe to secgenne ofer swa mærlice geendebyrd þing. Ac nu ægþer ge þæra ealdra ge þæra underþeoddera gymeleast is swiðe geweaxen, hwæt is (us) selre to donne, þe on swa pleolicum orleahtre synd becumene, buton þæt we swa miclum swa we magon, þeah we swa miclum ne magon swa we sceoldon, ure lif 7 ure preosta lif þurh Godes fultum to rihte gecyrron. Uton we þonne mid Godes fylste begynnan sume medemlice gesettednysse þurh þa ure preostas hig forhæbban fram unalyfedlicum þingum, 7 forlætan þa yflan ydelu þe hig nu lange beeodan, 7 gecyrron to þæs lufe þe us mid his þam halgan blode ahredde fram deofles clammum, 7 wyle us to myrhðe gelædan, gif we willað ure yflu gebetan. Ges

[p. 5] xxxi. De communicacione (*M.* excomm-) culparum.

xxxii. De Quadragessimi (*M.* -mæ) obseruationibus.

xxxiii. De temporibus in quibus semel aut bis in die clericis reficiendum est.

xxxiiii. De festiuitatibus sanctorum.

xxxv. Vt non aliquis presumat alterum cedere aut excommunicare.

xxxvi. Vt in congregatione can[on]icorum nulli liceat alterum defendere.

xxxvii. De zelo bono quem debent serui Dei habere invicem.

xxxviii. De infirmis canonicis.

xxxix. De uestimentis et calciamentis clericoricorum (*M.* clericorum).

xl. De elemosinis accipiendis.

xli. De mensura a sacerdotibus [in eleemosyna accipienda].

xlii. De cura quam in p[opulo sibi commisso habere clerici debent].

2 *gesetędnyssa*. As it is impossible to say whether the dots are due to the scribe or not, I have left the fuller form, which is the usual one.— *gehealdenne*.
3 *gesetlędnesse if(e)don*] the *l* is gone.   5 *þinge*.   7 *us* wr. o. l. by diff. hand.   9 *scealdon*. Between pages 2 and 5 a leaf has been lost containing the conclusion of the English prologue and the Latin headings to Chapters I-XXX. The Latin headings to Chapters XXXI-LXXXIIII are contained on pages 5-7 and are followed on p. 7 by the English.

xliii. Cui committi debeant stipendia pauperum.
xliiii. De prepositis.
xlv. Quales uicem prelatorum in congregatione fungi debeant. 4
xlvi. De pueris nutriendis custodiendisque.
xlvii. Vt omnes canonici ad completorium ueniant.
xlviii. De cantoribus.
xlix. Quales ad legendum et cantandum in ecclesia con- 8 stituendi sunt.
l. Modus correctionis.
li. Vt canonici cucullas manachorum (*M.* mon-) non induant. 12
[p. 6] lii. Vt in cultu uestitum (*M.* vestium) discretionem teneant canonici.
liii. Quod a prelatis gemina pastio sit subditis inpendenda.
liiii. De familiaritate a clericis mulierum extranearum de- 16 uitanda.
lv. De clericis non manentibus in suo proposito.
lvi. De humiliatione facienda propter Deum.
lvii. De iracundis doctoribus. 20
lviii. De doctrina et exemplis doctorum.
lix. De taciturnitate in ecclesia (in eccl. *not in M.*).
lx. De ebrietate a clero deuitanda atque detestanda.
lxi. De clericis. 24
lxii. De regulis clericorum.
lxiii. De generibus clericorum.
lxiiii. De sacerdotibus peccantibus.
lxv. Vt presbiter habeat unam [ecclesiam]. 28
lxvi. [Vt clerici nuptialia c]on[uiui]a uitent.
lxvii. De [eo quod non per] ambit[ionem] sacerdotium appetendum.
lxviii. De eo quod remouentur presbiteri ab officio suo. 32
lxix. Pro infirmis orare et unguere eos oleo precipitur.
lxx. Oblationes in domibus offerri non oportere.
lxxi. Quomodo benedicendi sunt sponsus et sponsa.
lxxii. De sollemnitatibus precipuis colendis. 36
lxxiii. De decimis diuidendis.
lxxiiii. Vt presbiteri per diuersa ab episcopis aut a laicis indiscrete non mittantur.

lxxv. De illis qui soli missas contra canonicam auctoritatem [ca]nere presumunt.

lxxvi. Vt presbiteri inconsulto episcopo non constituantur in aecc[p. 7]lesiis, uel de ecclesis (*M*. -siis) expellantur [ab aliquo].

lxxvii. De libris quos unusquisque secum in ecclesia habere debet.

lxxviii. De non suscipiendis alterius aecclesie clericis, et de susceptoribus eorum absque litteris commendatis (*M*. -datitiis) uel testibus a clericis in eadem ecclesia militantibus.

lxxviiii. Epistola cuiusdam deicole, in Christi nomine missa ad sacerdotes et clericos, predicationis atque instructionis causa ipsius directa.

lxxx. Alia epistola ad episcopum.

lxxxi. De doctrina discretionum (*M*. De doctrinae discretione).

lxxxii. De clerico derelinquente clericatum suum.

lxxxiii. De eo quod non facile uincitur unus de ordine canonic[o ab alio].

lxxxiiii. De eo quod non (non *not in M*.) debent canonici se precauere ante transformationes demonum.

[i.] Be eadmodnysse.
[ii.] Be preosta endebyrdnesse.
iii. Be þam þæt man sceole gesceadwisnysse habban on preosta gegaderuncge.
iiii. Be þam þæt preostas on heora geferræddene ne sceolan naðer ne girnan ne habban oferflownyssa ac neodbehofe þincg.
v. Be þam þæt on preosta geferræddene ealle gelice onfon ætes 7 wætes.
vi. Be þam gemete ætes 7 drinces.
[p. 8] vii. [Be cycenan wucþenum.]
viii. Be þam ærcedeacone 7 þam prauoste.
viiii. Be þam hordore.

31 In mending the MS. the binder has covered the line with parchment, but I could make out the reading.  32 This line has also been covered with parchment and I could not read it. On the parchment the binder (?) has written *Be enan þucþenum*; another late hand has struck this through and written *Be cycenan wucþenū, vid. p.* 25.

## together with the Latin original.

x. Be þam geatwearde.
xi. Be þam þæt man geornlice trymme þa claustru þær þa preostas inne slapað.
xii. Be þam hwæt þa preostas sceolon cwæðan oððe don þonne hi of bedde arisað. 4
xiii. Be þam godcundan þeowdome an niht.
xiiii. Be gefyrnysse haligra wæccena.
xv. Be dægredsangum. 8
xvi. Be primsangum.
xvii. Be heora handa weorce dæghwamlice.
xviii. Be þrim tidum þæs dæges.
xix. Be æfentide. 12
xx. Be nihtsange.
xxi. Be þære swigan æfter nihtsange.
xxii. Be þam þæt preostas heora tidsangas æwfæstlice began.
xxiii. Be þæs sealmsanges geornfullnysse. 16
xxiiii. Be þam þæt hi na prutlice on cyrcan ne standan.
xxv. Be þam þe sceolon færænde beon.
xxvi. Be þam þe on litlum gyltum agyltað.
xxvii. Be þam heafodgyltum. 20
xxviii. Be þære frefrunge þæs þe hreowseð heafodgylt.
xxix. Be andytnyssum.
xxx. Be þam hu man scyle andetnysse underfon 7 dæd-[p. 9] bot[e] tæcean. 24
xxxi. Be amansumunge gylta.
xxxii. Be Lenctenes gehealtsumnysse.
xxxiii. Be tidum on þam preostas sceolan æne etan oððe twiga. 28
xxxiiii. Be haligra freolse.
xxxv. Be þam þæt nan ne gedyrstlæce oðerne to beatenne ne to amansumienne.
xxxvi. Be þam þæt on preosthirede nan ne geþrystlæce oðerne mid woh to wergenne. 32
xxxvii. Be þam godan æfeste þe Godes þeowas him betwunan sceolon habban.
xxxviii. Be seocum preostum. 36
xxxviiii. Be preosta girlan 7 hira gescy.
xl. Be ælmess[en]a næme.

38 *ælmessa*. Cp. p. 49.

xli. Be þam gemete þe mæssepreostas ælmessan niman magon.

xlii. Be þære gemene þe preostas sceolon habban in þam folce þe him betæht bið.

xliii. Be þam hwylcum hwæðer man scyle betæcan þæra ælmes manna bylyfne.

xliiii. Be þam prauostum.

xlv. Be þam þe wrixl ealdordomes on geferredene habban sceolon.

xlvi. Be cilda fostere 7 heordredene.

xlvii. Be þam þæt ealle preostas to nihtsange cumon.

xlviii. Be þam sancgerum.

[p. 10] xlix. Be þam þe on circean sceolon rædan 7 sincgan.

l. Be þam gemete þære steore.

li. Be þam þæt preostas muneca culan ne wergon.

lii. Be þære gesceadwisnessa on gyrelan þæs preostes hreafes.

liii. Be þam þæt þa ealdras sceolon twifealdne fodan hyra underþeoddum don.

liiii. Be þam þæt preostas geþoftscipe næbbe wyð fremde wif.

lv. Be þam preostum þe ne gewuniað on hira behate.

lvi. Be þam hu eadmod man sceal beon for Godes lufon.

lvii. Be þam weamodum lareowum.

lviii. Be lare 7 bisningum þæra lareowa.

lix. Be swigan.

lx. Be þam þæt preostas sceolan forbugan 7 asceonian druncan.

lxi. Be preostum.

lxii. Be preosta regule.

lxiii. Be preosta cynrene.

lxiiii. Be mæssepreostum þe singiað.

lxv. Be þam þæt mæssepreost ane circean hæbbe.

lxvi. Be þam þæt preostas ne beon æt giftfeormum.

lxvii. Be þam þæt nan preost ne gyrne mæssepreosthades.

lxviii. Be þam hwi man sceole aworpan mæssepreostas.

lxviiii. Be þam þæt mon for seoce gebiddan sceal 7 hi mid haligum ele smyrian.

16 *gesceadwisnessa.* So MS.   20 *næbbe.* So MS. Cp. p. 6,$^{34}$.
28 *druncan.* So MS. Cp. p. 73$^{32}$.

*together with the Latin original.* 7

lxx. Be þam þæt man ne mæssie on unhalgedum huse.
lxxi. Be þam hu man bletsian sceal bridguman 7 bryde.
lxxii. Be þam hu man healice freols sceal wurðian.
[p. 11] lxxiii. Be þam hu man teoðinga sceal dælan. 4
lxxiiii. Be þam þæt naðer ne biscopas ne læwede men ne sendon mæssepreostas buton gesceadwisnesse nahwæðer.
lxxv. Be þam mæssepreoste þe ana mæssað ofer þa halgan 8 gebodu þe þæt forbeodeð.
lxxvi. Be þam þæt nan mæssepreost ne beo gesett to nare cyrcan buton biscopes leafe, ne eft þanon adryfen butan his leafe. 12
lxxvii. Be þam bocum þe ælc mæssepreost sceal on his cyrcan habban.
lxxviii. Be þam þæt nan mynstres ealdor ne underfo oðres mynstres preost buton swytelunge, 7 be þære steore 16 þe hit abrecað.
lxxix. Ðis ærendgewrit sende sum Cristes þegen to mæssepreostum 7 to oðres hades preostum to hira lifes rihtinge.
lxxx. Ðis is to þam biscope. 20
lxxxi. Be sceadwisnesse lare.
lxxxii. Be þam preoste þe his had forlæt.
lxxxiii. Be þam þæt man nanne preost mid eaðelicum þingum ne mage gewægnian. 24
lxxxiiii. Be þam þæt preostas hi warnien wyð þa scinlacan hiwinga deofla prettes.

I. *De humilitate.*

Clamat nobis diuina scriptura dicens, 'Omnis qui se exaltat, 28 humiliabitur, et qui se humiliat, exaltabitur.' Et quantum enim humilior fueris, tantum te sequitur [p. 12] glorie altitudo, quia superbis Deus resistit, humilibus autem dat gratiam. Omnisque arrogans inmundus est coram Deo. Quemcumque enim superbum 32 uideris, filium diaboli esse non dubites; et quemcumque humilem prospexeris, Dei filium esse credere debes. De multis enim pauca perstringimus, ut omnes homines ad amorem humilitatis prouocemus, et detestabilem inimicamque Deo superbiam ab eis retrahamus. 36 Nam dum omne genus humanum humilitatem habere conuenit,

9 *forbeodeð.* So MS. Cp. p. 83[11].   16 *þære.* So MS. Cp. p. 85[6].

nimis iniquum pessimumque ac detestabile est ut qui seruitio Dei peculiarius se iunxerunt, humilitatem derelinquant et superbię diabolice se socient. Christus in humilitate, diabolus in superbia sedet. Idcirco necesse est ut qui, suadente diabolo, usque nunc superbus atque elatus et uultu rigidus uixit, Deo auxiliante, per humilitatem atque caritatem aut obedientiam seu per reliqua bona ad (ad *not in M.*) Dei precepta resurgat, quia multo melius est per humilitatem cum Christo in regno cęlesti regnare, quam cum diabolo per superbiam in infernum demergere.

### I. *Be eaðmodnysse.*

Vs clipað þæt halige gewrit 7 þus cwyð to us, ' Ælc þæra þe hine silfne mid prytum up ahefð, he bið geniðrod, 7 se þe hine sylfne geeaðmet, he bið up áhafen 7 gewurðod.' ꝺ swa miclum swa þu eaðmodra (byst), swa miclum þe to becymð wuldres healicnys, for þam God wiðstent þam modigum, 7 þam eaðmodum he sylð his gyfe. Ælc prut man is fule unwyrð [p. 13] urum Drihtene, 7 swa hwylcne swa þu modigne gesehst, butan tweon se is deofles bearn, 7 se eaðmoda mæg weorðan Godes bearn. Of manegum (haligum) myngungum we befengun feawa, þæt we ealle men wolden gelaðian to lufe þære eaðmodnysse, 7 þæt we þa ascuniendlican 7 þa Gode laðe modignysse fram him ætbrudon. Witodlice þonne eallum mannum gedafenað þæt hi eaðmodnysse habbon hit is þwurlic 7 asceoniend(lic) þæt þa þe synderlice on Godes þeowdome campian sceolon, þæt þa mid deofles modignysse beon gehladene. Crist wunað on eaðmodnysse, 7 deofol on modignysse. For þig þonne hit is neod þam þe oð þis modig 7 prut 7 up ahafen wære, 7 stearcmod lyfede þurh deofles lare, þæt he nu þurh Godes fylst 7 þurh eadmodnysse 7 þurh soðe lufe 7 þurh hyrsumnysse 7 þurh oðre gode worc gecyrre 7 up of þam wo arise, for þam hit is micle selre þæt man þurh eaðmodnysse mid Criste on heofenum rixie, þonne man mid deofle þurh modignysse on helle beo besenced.

### II. *De ordine congregationis canonicorum.*

Ordines suos canonici ita conseruent ut ordinati sunt in gradibus suis secundum legitimam constitutionem Romane ęcclesię, in omnibus omnino locis, id est, in ecclesia uel ubicumque simul se coniunxerint, et ratio prestat, exceptis his quos episcopus in altiore gradu constituerit, aut degradaue[p. 14]rit certis ex causis. Reliqui omnes, ita ut diximus, ut ordinati sunt, ordines suos custodiant. Iuniores igitur priores suos honorent, priores minores suos in Deo diligant. In ipsorum autem appellatione nominum nulli liceat 4 alium puro nomine appellare, sed, secundum constitutionem sanctę ęcclesię (ęccl- *not in M*) sedis apostolicę, uocet eum nomine suo, prius addito et ministerii sui gradu qualiscumque fuerit. Et ubicumque se obuiauerit clerus, iunior inclinetur, et a priore bene- 8 dictionem petat; et si sedentem inuenerit, transeunte maiore minor surgat, et det ei locum sedendi, nec presumat iunior consedere, nisi ei precipiat senior suus, ut fiat quod scriptum est, 'Honore inuicem preuenientes.' Pueri parui et adulescentes, in oratorio aut ad 12 missas, cum disciplina ordines suos custodiant, et ubicumque fuerint, custodiam habeant et disciplinam.

II. *Be preosta endebyrdnysse.*

Preostas hyra endebyrdnyssa sceolon healdan ealswa hig 16 geendebyrde synt on hyra gecyrrednysse, ealswa hit on þære Romaniscan cyrcan ærest wæs geset; 7 hi *þæt* gerisenlice healden ægþer ge on cyrcan ge on ælcere stowe þær hig ætsamne beon. Gif þonne se biscop hwylcne ufor ofer his endebyrdnysse ge- 20 wurðian wille, for hwilcum gesceade, he *þæt* mot, (7 eft he mot) þone dysegan niðor settan oð *þæt* he dysiges geswice. Elles ealle healdon, swa we ær cwædon, hyra rihtendebyrdnysse. ꝺ æfre þa geongan wurðian þa ealdan, [p. 15] 7 þa ealdan lufien þa 24 gingran. ꝺ an þære namcyginge ne sy nanon alyfed *þæt* heora ænig oðerne sindrium naman nemne, ac æfter þam Romaniscan gewunan nemne ærest his naman, 7 siððan ice þærto his hades wurðunge: þissum gemete, swylce (man) cweðe, Leofwine prauost, 28 Wulfstan cantor, Byr(h)telm diacon, Cynewerd cyrcwerd, Ælfnoð cild, 7 swa be eallum. ꝺ swa hwær swa ænig preost oðerne gemete, abuge se gingra, 7 bidde þæs yldran bletsunge. ꝺ gif se gingra sitte, 7 se yldra þær forðgange, arise se gingra, 7 beode þam yldran 32 *þæt* setl, 7 ne geþristlæce he mid *him* to sittene, buton hine hate se yldra, *þæt* se haliga cwide beo gefylled, 'Wurðiað eow sylfe betweonon eow.' Litle cild 7 geonglingas, on cyrcan 7 æt mæssan 7 swa hwær swa hi beon, healdon heora endebyrdnysse, 7 habban 36 micle gimene 7 steore.

25 *namcyg:nge*] the *i* has been erased between *g* and *n*.   26 *nĕn(i)e*
28 (*man*) *cweðe leof* by scribe on an erasure.   33 *setęl.*

III. *De eo quod in congregandis canonicis modus discretionis tenendus sit.*

Cauendum summopere prepositis et prelatis aecclesiarum est ut
4 in ęcclesiis sibi commissis non plus (*M.* plures) admittant cleros quam ratio sinit, et facultas aeclesię suppetit, ne, si indiscrete plures adgregauerint, nec ipsos gubernare, nec, ut oportet, ualeant adminiculari. Sunt namque nonnulli uanam gloriam ab hominibus
8 captantes, qui innumerosam cleri congregationem uolunt habere, cui nec animę nec corporis curant solacia exhibere. Hi namque taliter adgregati, dum a prelatis stipendia et (et *not in M.*) necessaria non accipiunt, neque canonicum [p. 16] seruant ordinem,
12 nec diuinis officiis insistunt, claustra societatemque ceterorum relinquentes, efficiuntur uagi et lasciui, gule et ebrietati et cęteris suis uoluptatibus dediti, quicquid sibi inhibitum est, licitum faciunt. Proinde prepositis sollerter preuidendum est ut in hoc negotio
16 modum discretionis teneant, scilicet ut nec plus quam oportet et possibilitas ęcclesię suppetit, in congregatione admittant, ne (nec *M.*) eos quos rationabiliter gubernare possunt, causa auaritię abiciant.

III. *Be þam þæt man scyle gesceadwisnysse habban on preosta*
20 *ge[gade]ru[nc]g[e].*

Miclum is to warnienne þam prauoste 7 þæs mynstres ealdre þæt hi na ma broðra into heora geferrædene underfon þonne þæs mynstres ár acuman mæge, þe læs hi mid ungesceade ge-
24 samnion swa fela swa hig beginan ne magon ne mid gerysnon forð bryngan. Witodlice manege syndon þe for manna ydelon gylpe micele geferrædene gesamniað, 7 þonne naðer ne (þære) sawele þearfe ne gymað, ne þæs lichaman frofres. Þonne witodlice
28 þa þe þus beoð gegaderode, þonne hi nabbað æt heora ealdrum þa lichamlican þearfe þe him gebyrede to hæbbene, þonne forlætað hi heora rihtgesetednysse 7 þone godcundan þeowdom 7 þæs mynstres inwununge 7 geferrædene, 7 farað ut 7 wyrðað wydscriðoie 7 hy-
32 gelease, 7 gimað untidæta 7 druncennysse 7 oðra geflearda, 7 eal þæt him list, þæt hig lætað [p. 17] alyfedlic þing. For þi þonne is þam ealdrum miclum to warnienne on swilcum þingon, þæt hi mid miclum gesceade na ma (ne) underfon on heora geferrædene þonne
36 þæs mynstres ár aberan mage; ne eft þæt hig for heora agenre gyt-

20 *ge* :::: *ru* :: *g* : on margin and very faint.  26 After *micele* a letter erased.  29 Between *licham* and *lican* a letter erased.  33 *far̊*.
34 *pingi̊an*.

sunge nanne þæra forlætan þe hi to my[n]stres þearfe behofiað 7 þe hi forð magon bringan mid gesceade.

IIII. *De eo quod non debent clerici in congregatione canonica constituti stipendia superflua accipere aut exigere, sed necessaria.*

Sanctorum patrum sententię docent clericos non diuitiarum sectatores esse, nec res ecclesiarum inofficiose accipere debere. Inde dicit Prosper, 'Qui ecclesie seruiunt, et ea quibus opus non habent, aut libenter accipiunt aut exigunt, nimis carnaliter sapiunt. Indignum quippe est, si fidelis et operosa deuotio clericorum propter stipendium seculare premia sempiterna contempnat.' Vt quid accipiat (*M.* -pit) unde rationem reddat? Ut quid peccatis alienis sua multiplicat? Unde necesse, immo utile est clericis in accipiendis ecclesiasticis sumptibus suum uitare periculum. Proinde tam de suis quam de ecclesie facultatibus non plus accipiant aut exigant quam oportet. Idem (*M.* id) accipiant: cibum et potum atque uestimentum, et his qui (qui *not in M.*) contenti sint, ne, plus accipientes, pauperes grauare uideantur. Sine grandi peccato non accipiunt, unde pauper uicturus erat. Hi uero qui nec suis rebus habundant, nec ęcclesię habent possessiones, et magnam utilitatem ęcclesię conferunt, accipient in canonica congregatione uictum et uestimentum et elemosinarum partes, quia [p. 18] de talibus in libro Prosperi dicitur, 'Clerici quos uoluntas aut natiuitas pauperes fecit, in congregatione uiuentes necessaria uitę accipiant, quia ad ea accipienda non eos habendi ducit cupiditas, sed cogit uiuendi necessitas.' Porro si tales fuerint, qui nec suas, nec ecclesie uelint habere possessiones, horum necessitatibus prouidentissima gubernatione de facultatibus ęcclesię debent subuenire prelati, adtendentes illud Prosperi, 'Qui (*M.* Quod) habet' inquid 'de facultatibus ęcclesię, cum omnibus nihil habentibus commune habeat.' Sed et illorum curam gerere debent, quos aut infirmitas aut senectus adgrauat, quos etiam constat olim in utilitatibus ecclesie desudasse.

[IIII.] *Be þam þæt preostas on heora gefērrǣdene ne sculan naðer ne gyrnan ne habban oferflownessa, ac neodbehófe þing.*

Haligra fædera cwydas 7 lara tæcað þæt preostas ne sculon gytsunge folgian, ne mynstres þing habban butan geearnungum. Be þam cwæð Sanctus Prosper, 'Ða þe on cyrcan Gode þeniað, 7

---

1 *mystres.*

willað lustlice underfon oððe gyrnan þæra þinga þe him neod ne
byð, hi libbað æfter heora flæsces luste. Hit is unwurðlic þæt
se(o) getreowe 7 seo geornfulle estfullnes preosthades manna þurh
4 woroldgestreon forleose þa heofenlican mærða.' Hwæt sceal him
þæt genumene þæt he eft mid geþrafe sceal agildan? For hwi wile
he icean his agene synna mid oðres mannes? Þanon þonne is
preostum micel neod 7 þearf þæt hi on þære næme [þære] cyrcan
8 æhte forbugon heora agen forwyrd. For þi þonne [p. 19] ne of
heora agenum ne of heora mynstres þingum nabbon hi ne æfter
maran (to) þrafianne þonne heora neod behofað: þæt is, þæt hi
habban æt 7 drinc 7 reaf; 7 beon on þam gehealdene, þe læs, gif
12 hi mare ofer þæt nymað, þæt hi gehefygyon 7 gedrefon þa Godes
þearfan, þe man sceal for Cristes lufon neade fedan. ⁊ þæt byð
hefitime syn þæt hi mid heora oferflowynnysse gewanion þæra
ælmesmanna þearfe. Þa þonne (ðe) nabbað agene æhta, ne nabbað
16 on mynstre gemænnysse, 7 magon swaþcah on mynstre wel beon
nytte, besceawige seo geferrẹden þæt hi hæbben fodan 7 gyrlan of
minstres ælmessan. For þam be swilcum cwæð Sanctus Prosper,
'Þa preostas þe aðer oððe agen wylla oððe mage ælmes hand
20 hæfenlease gedyde, þonne hi on ferredene wuniou, nyman þær heora
lifes neoda, for þam ne lædþ hi to þam gyfernys, ac neod heora
lifes fercunge.' Witodlice gif þonne hwilce beon þe for Godes
lufon aðor nellon ne agenra gestreona ne mynstres gyman,
24 ne þa habban, þonne sceolon þa mynstres ealderas mid
ealre geornfulnysse gyman þæt hi habban þæt him neod
sy to heora lifes fercun(c)ge. ⁊ gymon þæs þa ealdras þe
Sanctus Prosper cwæð, 'Se ðe mynstres gestreon hæbbe, do þæt
28 gemæne (eallum) hæfenleasum mannum.' ⁊ hæbbe gymene seocra
manna ⁊ mid ylde gehefogodra 7 þara mæst þe geornlice ymbe
mynstres neode wæron þa hwile þe hi for ylde oððe for unhæle
mihton.

32    V. *De eo quod in congregatione canonica equaliter cibus et potus
accipiatur.*

Solet in plerisque canonicorum congregationibus [p. 20] inrationa-
biliter atque indiscrete fieri ut nonnulli clerici, qui diuitiis affluant,
36 aut paruum (*M.* et aut parum) aut nihil utilitatis ęcclesie conferunt,

5 ḡnum̄.   7 The MS. has *on þære æhte* and underneath it the scribe has
wr. *næme cyrcan*.   15 ðe o. l. by diff. hd.   21 *lædþ*] þ alt. by scribe from *o*.
29 *mæste.*

maiorem ceteris diuinum strennue peragentibus officium annonam accipiunt, cum hoc ita fieri debere numquam, nec in auctoritate scripturarum, nec in traditionibus sanctorum patrum possit inueniri. Est nempe rationabile iustumque coram Deo et hominibus, ut in 4 unaquaque canonica congregatione a minimo usque ad maximum cibum et potum equaliter accipiant; hi uidelicet qui propter aliquam utilitatem in numero canonicorum fuerint admissi. Quanquam enim plerique subditorum a prelatis rebus quibuslibet aliis 8 plus ceteris merito solent honorari, in hac tamen societate, reclusa personarum acceptione, una debet cibi et potus equalitas esse.

V. Be þam þæt on preosta geferrædene ealle gelice onfon ætes 7 wætes. 12

Hit is gewuna on manegum preosthiredum þæt mid miclum ungesceade 7 ungefade sume þa preostas þe woroldwelan habbað, 7 lytle oððe nane nytwyrðnysse doð on mynstre, scolon maran 7 creaslicran fodan habban on mynstre þonne þa þe ealne þone 16 godcundan þeowdom for(ð)doð, 7 we þæs nane bysne nabbað ne on boca gesceadnyssum, ne on haligra fædera hæsum. Witodlice hit is gesceadwislic 7 rihtlic for Gode 7 for worolde þæt on ælcum preosthirede fram þam gingstan oð þæne yld(e)stan ealle [gelice] 20 æt 7 drinc underfon þe þære geferrædene beon 7 ænigre note nytte [p. 21] magon on mynstre beon. Þeah on manegum oðrum þingum þa ealdras sceolon wyrðuncge ætforan heora underþeoddum habban, on þisum þingum we nellað nane twislunge habban 24 nanes hades, ac sy gelíc eallum seald æt 7 drinc efne ætsamne.

VI. *De mensura cibi et potus.*

Quando clerus una aut bina uice in die reficit, accipiat a minore usque ad maximum IIII libras panis; et quando bis in die reficit, 28 pulmentum uero ad sextam, unam ministrationem de carne inter duos, et cibaria alia una accipient; et si cibaria non habent, tunc duas ministrationes de carne habeant. Ad cenam autem aut unam ministrationem de carne inter duos, aut cibaria alia habeant. Illo 32 tempore quando quadragessimalem uitam debent ducere, tunc ad sextam inter duos clericos portionem de formatico, et cibaria alia accipiant; et si pisces habuerint, aut legumen, aut aliud aliquid, addatur et tertium; et ad cenam cibaria alia inter duos, et 36

17 ð of forð o.l. by diff. hd.    24 twislunge by the scribe on an erasure.

portionem de formatico accipient; et si Deus amplius dederit, cum gratiarum actione accipiant. Quando autem in die una refectio fuerit, tunc cibaria una inter duos, et portionem de formatico, et
4 ministrationem de legumine aut aliud pulmentum accipient. Et si contigerit quod illo anno glandes uel fagina non sint, et non habent unde hanc mensuram de carne impleant, preuideat episcopus, uel qui sub eo est, iuxta quod Deus possibilitatem dederit, aut de
8 quadra[p. 22]gessimali alimento, aut alio, unde consolationem habeant. Et si eadem regio uinifera fuerit, accipiant per singulos dies quinque libras uini, si tamen sterilitas inpedimentum non fecerit temporis. Si uero uinifera plena non fuerit, tres libras uini
12 et tres ceruise: et caueant ebrietatem. Si uero contigerit quod uinum minus fuerit, et istam mensuram episcopus, uel qui sub eo est, implere non potest, iuxta quod preualet, impleat de ceruisa, et eis consolationem faciat; et illis qui se a uino abstinent preuideat
16 episcopus, uel qui sub eo est, ut tantum habeant de ceruisa quantum de uino habere debuerant. Quando uero facultas ęcclesie non supetit, aut sterilitas terre extiterit, sicut crebro, peccatis nostris prepedientibus, euenire solet, et prelati quantum debent dare
20 uinum aut siceram seu ceruisam canonicis nequiuerint, preuideant eis potum ex diuersis materiis confectum; non autem murmurent, sed magis cum gratiarum actione quod dari sibi potest accipiant, animaduertentes Iohannem Baptistam, qui nec uinum, nec siceram,
24 nec aliquid quod potest inebriari, bibit, quia ubi ebrietas fit, ibi flagitium atque peccatum est. Et hoc admonemus, ut clerus sobriam semper ducat uitam. Et quia persuadere non possumus ut uinum non bibant, uel consentiamus hoc ut saltem in illis ebrietas
28 non dominetur, quia omnes ebriosos apostolus a regno Dei extraneos esse denuntiat, nisi per dignam penitentiam emendauerint. Habeant igitur canonici ortos olerum, ut cum ceteris additamentis aliquod pulmentum cotidie sibi uicissim ministrent.

32 [p. 23]  VI. *Be þam gemete etes 7 drinces.*

Swa hwæðer preostas ætan on dæg swá æne swa tuwa, sylle ma ælcum fram þam gingstan oð þone yldstan, feower punda gewihte hlafes; 7 [þonne hi etað tuwa on dæg], heora middæges sufle,
36 twam 7 twam an(e) flæscsande, 7 syððan oðre smeamettas. Gif ma næbbe smeamettas, sylle man twam 7 twam twa flæscsande. ꝫ (to) heora æfenþenunge sylle man twam 7 twam ane flæscsande oððe

oðre smeamettas. On þam tidum þe hi sceolon flæsc forgan, ealswa on Lengtenne, þonne sylle man to middægþenunge twam 7 twam an tyl cyssticce 7 sumne smeamete ; 7 gif man fisc hæbbe oððe wyrta, sylle ma him to þriddan sande; 7 on æfen twam 7 4 twam an cyssticce 7 sume smeamettas; 7 gif hit rumre cymð, þancion eadmodlice þæs æcum Drihtene. Þonne hi etað to anes mæles on dæg, þonne sylle man twam 7 twam sumne smeamete 7 tyl cyssticce, 7 wyrta oððe sumes cynnes gesodonne mete to 8 þriddan sande. Gif hit þonne gebyrað on geare þæt naðer ne byð on þam earde ne æceren ne boc ne oðer mæsten þæt man mæge heora flæscþenunge forð', bringan, wite se bisceop oððe se ðe under him ealdor is, þæt hi hit þurh Godes fultum asmeagean þæt hi 12 frofer hæbben 7 nanne wanan ; 7 eac ymbe heora lenctenlifene smeagian þa ealderas georne. ꝥ gif se eard sy wynes wæstmbære, sylle man dæghwamlice ælcum breðer fif punda gewihte wines, gif þa unwedru his ne forwyrnað. Gif þonne se eard full win næbbe, 16 sylle ma ælcum | p. 24] þreo pund wines 7 þreo pund ealað, 7 warnien hi wyð druncen. Þær þonne þær win ne byð, wyte se bisceop oððe se þe under him ealdor byð, þæt hi hæbbon ealswa micel ealoð, swa hi wines sceoldon, þæt hi on þam frofor habban. ꝥ gif 20 hwa on þam (win)landum for Godes lufon win wylle forgan, wite se ealdor þæt he hæbbe ealoð his rihtgemet. Gif þonne for folces synnum gesceote, swá hit oft gescyt, þæt unwæstmbernys on eard becymð, þæt ma ne mæge þæt drincgemett bringan forð, ne on 24 wine, ne on beore, ne on mede, ne on ealoð, þonne smeage se ealdor hit georne on manifealde þing þæt hi drinc hæbbon ; 7 nane ne murcnion, ac mid þancgunge 7 mid glædnysse underfon þæt man him þonne don mage, 7 geþenceon þæt Sanctus Iohannes Baptista 28 ne dranc win, ne medu, ne nan wiht þe him druncennys of come. Þær þær druncen byð, þær byð leahter 7 syn. Þæs we [g]eornlice biddað 7 myngyað þæt ure preostas syferlice lybbon. ꝥ for þam þe we ne magon on þisum dagum gelæran þæt hi win 7 beor ne 32 drincon, we huru lærað 7 biddað þæt hi druncen forbugon, for þan ealle þa druncengeornan se apostol Paulus ascyrað of Godes rice, buton hi mid rihtlicere dædbote gecyrran. ꝥ hæbbe ma æfre on preosta mynstre wynsume wirtunas þæt man mage þærof æfre 36 toeacan oðrum þingum sumne smealicne est findan him betwynan.

11 oððe] 7 MS. 19 oððe] 7 MS. 22 gem*ti̯*. 31 me̊ngyað.— lybbon] y alt. f. i.

VII. *De septimanariis coquine.*

Clerici canonici sic sibi inuicem seruiant, ut nullus ex[p. 25]cussetur a coquinę officio, nisi egritudine, aut causa grauis utilitatis quis
4 pręoccupatus fuerit, quia exinde maior merces et caritas adquiritur. Inbecillibus autem fratribus (fratribus *not in M.*) procurentur solacia, ut non cum tristitia hoc faciant, sed habeant solacia omnes secundum modum congregationis aut positionem loci. Archidia-
8 conus, aut prepositus, uel cellerarius, et qui in maioribus utilitatibus occupati sunt, isti excusentur a coquina. Ceteri autem sibi sub caritate inuicem seruiant. Egressurus de septimana Sabbato munditias uasorum faciat, et uasa ministerii sui quę ad ministrandum
12 accepit, sana et munda cellerario reconsignet; et si aliquid ex illis minuatum fuerit, ad capitulum die Sabbato ueniam petat, et uasa, uel quod minuatum est, in loco restituat.

VII. *Be cycenan wucþenu*m.

16 In preosta geferræddene hyre swa ælc oðrum, þæt nan ne beo aspelod æt his wucan of kycenan to þenienne, butan hwa for unhæle oððe for miclum bysgum ne mage; for þan þanon cymð seo mæste med 7 lufu. ꝺ þam wanhalan finde man fultum þæt he
20 butan gedrefednysse hit mage don; 7 ælcum breðer finde man fylst be þam þe hit þonne ræd sy 7 ma þurhteon mage be þæs mynstres myhtum 7 þære geferræddene. Se ærcediacon 7 se prauost 7 se hordore 7 þa þe an miclum bysgum beoð, moton beon
24 aspelode fram þære cycenþenunge; elles ealle þa oðre mid lufe hyrsumien heom betwinan. ꝺ þonne se broðor his wucan geþenod hæbbe, wite he to þam Sæterndæge þæt ealle [p. 26] þa fatu þe him to his þenunge betæhte wæron, beon clæne gewæscene, 7 swa
28 clæne betæce hi þam hordere. ꝺ gif þær hwæt beo forloren oððe amirred, bydde he þæs on þone Sæternesdæg on heora capitole forgifnysse, 7 forgilde mid ealswa godum þæt he þurh his gymeleaste amirde.

32 VIII. *De archidiacono uel preposito.*

Oportet enim eos esse prudentes sicut serpentes, et simplices sicut columbe, id est, ut sint sapientes in bono (*M.* -um) et simplices in malo (*M.* -um); et docti in euangelico (*M.* -ca) precepto
36 (*M.* -ta), et sanctorum patrum instituta canonum, ut possint docere clerum in lege diuina. Et sic se conforment clero, ut non tantum

uerbis capacibus, sed etiam exemplis simplicioribus diuina prǫcepta demonstrent, quia apostoli perfectam debent semper seruare formam in qua dicit, 'Argue, obsecra, increpa,' id est, miscens temporibus tempora, terroribus blandimenta, id est (id est *not in M.*), indisci- 4 plinatos et inquietos debent durius arguere; obędientes autem et mites et patientes, ut in melius proficiant, obsecrare; negligentes et contempnentes et superbos aut (aut *not in M.*) increpent aut (*M.* et) corripiant; neque dissimulent peccata delinquentium, sed mox ut 8 ceperint oriri, radicitus ea, ut preualent, amputent, memores periculi Heli sacerdotis de filiis suis. Honestiores quidem atque intelligibiles prima et secunda admonitione corrip[i]ant; inprobos ac duros corde ac superbos uel inobędientes uerbere et castigatione in ipso 12 initio peccati coherceant, [p. 27] scientes scriptum esse, 'Stultus uerbis non corrigitur.' Et iterum, 'Percute filium tuum uirga, et liberabis animam eius a morte.' Et quicquid per se iuste et rationabiliter secundum canonicam institutionem non potuerint dif- 16 finire, episcopo patefaciant, et ipse secundum Dei uoluntatem quod castigandum est castiget, et quod corrigendum est corrigat. Qui archidiaconus, uel primarius, in omnibus omnino actibus uel operibus suis, sint Deo et episcopo fideles et obędientes; et non sint 20 superbi neque rebelles, vel contemptores, sed casti et sobrii, patientes, benigni, atque misericordes; diligant clerum, oderint uitia, et non permittant ea nutrire (*M.* -ri), sed prudenter amputare festinent. Caueant ne dum aliis predicauerint, ipsi reprobi efficiantur. Qui 24 archidiaconus, uel prepositus, si reperti fuerint, quod abs't, superbi aut elati aut contradictores uel contemptores canonice institutionis, secundum Domini prǫceptum ammoueantur (*M.* admoneantur) semel et iterum, et si non emendauerint, ab episcopo secundum 28 modum culpe iudicentur. Quod si neque sic correxerint, de ordinibus suis eiciantur, et alii qui digni sunt, et uoluntatem Dei uel episcopi sui, secundum diuinum preceptum impleuerint, in locis illorum subrogentur. 32

VIII. *Be þam ærcediacone 7 þam prauoste.*

Đam ærcediacone 7 þam prauoste gebyrað þæt hi beon swa snottre swa næddran 7 swa milde swá culfran, þæt is þæt hi beon wise on gode 7 hylewite on yfele; 7 beon gelærede on þære god- 36 spellican lare 7 on haligra fædera gesettednyssum, þæt hi magon læran heora [p. 28] underþeoddan preostas mid godcundre lare.

⁊ swa hi sylfe gemedemian wyð heora geferan, þæt na þæt an þæt hi mid wordum læran, ac eac mid haligum bysnungum þam bylwitum ætywan þa haligan bebodu. ⁊ geþenceon æfre þa
4 fulfremedan bysne þæs apostoles þar he cwæð, 'Cid ⁊ halsa, ⁊ þrea ⁊ bide,' þæt is wrixla tidum wið tidum, ⁊ frefra onmang egsungum. ⁊ þa earfoðlæran ⁊ þa þwuran hi sceolon stearclice læran ⁊ þreagian; ⁊ þa gehyrsuman ⁊ þa mildan ⁊ þa geþyldian hi sceolon halsian
8 þæt hi þe betran beon; ⁊ þara gymeleasra ⁊ þæra prutra ⁊ þæra modigra gyltas þreage man sona ⁊ gerihte, ⁊ ne fordilemenge hi, ac sona swa hi up springcen, swa forceorfe ma hi ⁊ heora wyrtruman eal ætsamne. Geþencean þa ealderas hu frecedlice an þære
12 ealdan æ Heli se sacerd geferde þurh þæt þæt he nolde steoran ⁊ gerihtan his gymeleasan suna. Þa arwu(r)ðan ⁊ þa andgytfullan þreage ma mid wordum tuwa oððe þriwa; ⁊ þa þwyran ⁊ þa heardheortan ⁊ þa modigan ⁊ þa ungehyrsuman sona on þam
16 frumdysige swinge ma ⁊ fæstlice þreage, ealswa hit awriten is, 'Ne byð þam stuntan mid wordum gestýred.' ⁊ eft þæt gewrit cyð, 'Sleah þin cyld myd gyrde, ⁊ ahrede his sawle of deaðe.' ⁊ swa hwæt swa hig ne magon geendebyrdan mid gesceadwisnysse
20 æfter rihtere gesetednysse, cyðon hit heora bisceope, ⁊ he þonne þurh Godes wyllan þreage þæt to þreagianne sy, ⁊ rihte þæt to rihtenne sy. Se ærcediacon ⁊ se prauost on eallum heora þeawum [p. 29] ⁊ weorcum sceolon beon Gode getriwe ⁊ heora bisceope
24 gehyrsume; ⁊ ne beon hig modige ne wyðercweðende ne forhicgende, ac clæne ⁊ syfre, geþyldige, welwyllende, ⁊ mildheorte, ⁊ lufian þone preosthyred, ⁊ asceonian heora leahtras, ⁊ ne geþafian þæt hi wexon, ac sona snoterlice hi asnyðon of; ⁊ warnion, þonne hi
28 oðrum rihtlice bodiað, þæt hi sylfe þwyrlice ne libbon. Gif ma þonne þone ærcediacon oððe þone prauost agyte þæt hi wyllon modiggan oððe prutian oððe forhicgen þa rihtan gesetednysse æfter Godes bebode, styre him ma æne oððe tuwa, ⁊ gif hi na
32 geswican, styre him se bysceop æfter heora gyltes mæðe. Gif hi þonne gyt nellen geswican, do hi man of heora wurðmynte, ⁊ sette oðre to, þe Godes riht ⁊ þæs bisceopes gebod æfter godcundlicum bebodum breman willan.

36 IX. *De cellario.*

Cellerarius uero debet timens esse Deum, sobrius, non uinolentus,

<sub>2 After *haligum* is wr. o. l. (in a diff. hand?) *larū*       10 *ac*] ⁊ MS.
12 *steoran*] *t sty* o. l. in a diff. hd.     15 -*hyrs[u]man*.     28 *sylfe*] *s* alt. fr. *ſ*.
29 *he*.     30 *forhicgen*. So MS.</sub>

non contentiosus, non iracundus, sed modestus, moribus cautus, et fidelis, non superbus, non tardus, non prodigus, non remissus, et quicquid acceperit sub cura sua ad opus clericorum, custodiat, ne ministri ibidem deputati annonam fratrum aut furtim subripiendo, 4 aut aliquolibet modo neglegenter uiuendo dissipent. Hi uero famuli eligantur de fidelissima ęcclesię familia, et his officiis diligenter erudiantur, ut scilicet et pistoria arte, et fidei puritate, necessitatibus fratrum oportunissime ualeant suffragari. Eadem 8 quoque forma de cocis seruanda est.

IX. *Be þa*m *hordere.*

[p. 30] [S]e hordore sceal him God andrædan, 7 beon syfre 7 na druncengeorn, ne ceaslunger, ne weamod, ac gemetfæst, on þeawum 12 wær, 7 getrywe, ne modig, ne sleac, ne myrrend, ne idelgeorn, ac healde georne swa hwæt swa under his gymene to preosta neode betæht beo, þe læs þa þenas þe under him beoð to broðra neode gesette, þara broðra god þurh stælðing ætferion, oððe (on) 16 ænige wisan amyrron. Þa wicneras sceolon beon gecorene of þam getrywestan mynstres þeowum, 7 hi man þonne geornlice ty þæt hi góde bæcystran beon 7 to ælcum meteþingum clængeorne þe to broðra behofe belimpe. ꝸ ealswa we wyllað þæt þa cocas clæn- 20 georne beon 7 wel getyde.

X. *De portario.*

Portarius unus cum suo iuniore annum aut amplius, si episcopo, uel ei qui sub eo est, placuerit, portas claustri, uel ostia, custodiat. 24 Qui portarius sit frater probabilis uitę, sobrius, patiens, et sapiens, qui sciat responsum accipere et reddere; cui officium sit portam canonicorum cum summa obędientia et humilitate competenti tempore claudere ac reserare, ut nulli per eam nisi per licentiam aditus 28 pateat intrandi aut exeundi. Cui etiam obseruandum est ne his quibus cura est plus otiis uacare quam diuinis obsequiis incubare foras euagandi locum prebeat, et eorum nugarum, quod nefas est, particeps fiat. Debet preterea aduenientes quoque cum caritate 32 suscipere, et priori aduentum eorum causamque nuntiare. Expleto namque uespertino et completorio officio, obseratisque portis, claues earum idem portarius ei qui uicem prelati tenet ferat [p. 31] ut

11 The initial *S* has not been filled in.   18 *ty* by scribe on an erasure.

nulli horis inconpetentibus intrandi aut ex[e]undi maneat facultas. Si uero inobediens aut proteruus idem repertus fuerit portarius, sicut alii ministri neglegentes iudicetur.

#### X. Be þam geatwearde.

Se geatweard mid his gingran gear oððe leng, gif þam biscope oððe þam ealdre þe under þam biscope is, licað, healde mynstres gatu 7 dura. Se broðor þonne sceal beon afandod syfre, geþyldig, wis, þe cunne ærende underfon 7 mid gerade 7swarian. Þæs gimen beo þæt he preosta gatu mid healicre hyrsumnysse 7 eaðmodnysse alyfedum tidum luce 7 unluce, þæt man næbbe infær ne utfær butan leafe. Warnige he eac þæt he þurh geþafunge ne wurðe þæra fleardera gefera þe him leofre bið þæt hi butan my[n]stre worion on ydel þonne hi binnan mynstre on Godes þeowdome wunion. He sceal eac ealle cuman þe to mynstre cumað luflice underfon 7 heora cyme 7 heora ærende þam ealdre cyðan. Æfter æfensange 7 nihtsange, þonne his gatu belocenu beon, þonne nime he his cæga 7 bere þam ealdre, þæt nan man næbbe infær ne utfær ungedafelicum tidum. Gif þonne se gatwerd beo gemet ungehyrsum oððe prut, styre man him ealswa oðerum wicnerum.

#### XI. De eo quod diligenter munienda sunt claustra canonicorum in quibus dormiunt canonici.

Prepositorium (*M.* -rum) cura sit ut subditorum mentes sanctarum scripturarum lectionibus assiduę muniant, ne lupus [p. 32] inuisibilis aditum inueniat, quo ouile Domini ingredi et aliquam ouium subripere ualeat. Et preterea necesse est ut claustra quo clero sibi commisso canonice uiuendum est, firmis undique circumdent munitionibus ut nulli omnino intrandi aut exeundi, nisi per portam, pateat aditus. Sint etiam interius dormitoria, refectoria, cellaria, et cętere habitationes usibus fratrum in una societate uiuentium necessaria (*M.* -riæ). Omnes enim in uno dormiant dormitorio, preter illos quibus episcopus licentiam dederit, secundum quod ei rationabiliter uisum fuerit. Et in ipsis claustris per dispositas mansiones dormiant separatim per singulos singuli lectulos, mixti cum senioribus propter preuidentiam bonam, ut seniores preuideant quod iuniores secundum Deum agant. Et in ipsa

---

13 mystre.    16 *belocenu*.

claustra nulla femina introeat, nec laicus homo, preter tantum si episcopus aut archidiaconus uel prepositus iusserint, ut in refectorio pro refectionis causa ueniant, relictis armis suis ante refectorium. Et si necesse fuerit ad opera facienda, intrent ibi laici homines, at 4 ubi perfectum habuerint opus suum, cum summa festinatione egrediantur foras. Et si coci clerici desunt, et opus fuerit ut laici coci ad coquinandum tantum ingrediantur, et expleto ministerio suo cum celeritate exeant foras. 8

XI. *Be þam þæt man geornlice trymme þa claustru þær þa preostas inne slapað.*

Sy simle þæra ealdra gymen þæt hi heora underþeod[p. 33]ra mod mid haligra gewrita rædingum syngalice trymmon, þæt se unge- 12 sewena wulf infær ne gemete, hwanon he in to Godes e(o)wde cume 7 þær ænig scep of abrede. ꝥ amang þam neod is þæt hi þæra preosta claustru þe him betæhte synt, fæstlice trymmon on ælce healfe, þæt nan on nane wysan infær ne utfær næbbe buton æt þam gatum. 16 Syn eac binnan claustre slæpern, beodern, hædernu, 7 ealle þa neodhus þe broðru beþurfon þe on anre ferrædene wuniað. Slapon hi ealle on anum slæperne, butan se bisceop hwam þurh sum gescead elleshwær lyfe to slapen(n)e. ꝥ binnan heora claustrum 20 geond geendebyrde stowa slape ælc on syndrigum bedde, 7 þa geongan on gemang þam ealdan for godum gesceade, þæt þa yldran begyman þa gingran, þæt hi be Godes rihte don. ꝥ binnan þam claustre ne cume næfre wifman, ne læwede man, buton locahwæne 24 se bisceop oððe se ærcediacon oððe se prauost for arwurðnysse haton in to mete gan to beoderne; 7 se forlæte his wæpen æt þære dura. ꝥ gif hit neod beo þæt læwede men for worces þingan þæder in gangon, swa hi gedon hæbbon, swa beon hi on ofeste 28 utweard. ꝥ gif man preosthades cocas næbbe, 7 hit neod beo þæt læwede cocas (þæder) in gan, swa raðe swa hi geþenod hæbbon, swa beon hi ofstlice utweard.

XII. *De his que a clero in nocte de lecto surgente primum dicenda* 32 *atque operanda sunt.*

Nocturnis horis cum ad opus diuinum de lecto surrexerit clerus, primum sibi signum sanctę crucis [p. 34] inprimat per inuocationem Sanctę Trinitatis; deinde dicat uersum, 'Domine, labia 36 mea aperies, et os meum adnuntiabit laudem tuam'; deinde

19 *hi*] *him* MS.        30 *þæder* o. l. by diff. hand.

psalmum, 'Deus, in adiutorium meum intende,' totum cum
Gloria ; et tunc preuideat sibi corpoream necessitatem naturæ, et
sic ad oratorium festinet psallendo psalmum, 'Ad te, Domine,
4 leuaui animam meam'; et cum summa reuerentia et cautela intrans,
ut aliis orantibus ibi non impediat ; et tunc prostratus in loco con-
gruo effundat preces in conspectu Domini, magis corde quam ore,
ita ut illius uox uicinior sit Deo quam sibi, ita dicendo, 'Gratias
8 ago tibi, omnipotens Pater, qui me dignatus es in hac nocte custo-
dire, deprecor clementiam tuam, misericors Domine, ut concedas
mihi diem uenturum sic peragere in tuo sancto seruitio, cum hu-
militate et discretione, qualiter tibi complaceat seruitus nostra.'
12 Et tunc omnes sint preparati stantes in loco suo in choro per or-
dinem, ut cum nouissimum signum cessauerit, cum summa humili-
tate et honestate referant laudes Deo, in conspectu angelorum eius.
Et si alicui frequens tussis aut flegma ex pectore aut naribus ex-
16 crescit, post dorsum proiciat, aut iuxta latus, caute tamen et
curiose, ut infirmis mentibus non uertatur in nausiam ; et semper
quod proicitur pede conculcetur, ut cum ad orationem curuantur,
uestimenta eorum non sordidentur ; et infra ęcclesiam, et in
20 omni conuentu, seu et in porticu, hoc obseruandum est, ut quod
spuitur semper pedibus conculcetur.

[p. 35] XII. *Be þam hwæt þa preostas sceolan cweþan oððe don
þonne hi of bedde arisað.*

24   Nihtlicum tidum þonne preostas of heora bedde to Godes þeow-
dome arisað, þonne bletsien hi ærest hi selfe mid Cristes rode
tacene þurh geciginge þære Halgan Þrynnysse, 7 syððan cweðan
þæt fers, 'Domine labia mea aperies *et* os meum adnuntiabit laudem
28 tuam'; þonne syððan þone sealm, 'Deus in adiutorium meum
intende,' ealne to ende, 7 Gloria Patri ; 7 syððan gangon to heora
lichomlican neode, 7 æfter þam efstan to cyrcan 7 singan þisne
sealm on wege, 'Ad te, Domine, leuaui animam meam'; 7 mid
32 micelre arwurðnysse 7 wærscipe in gangon, þæt hi ne gehremmon
nanno þæra þe an gebedum byð, ac cneowien him on gedreogere
stowe 7 ageotan þær heora bena on Drihtnes gesyhðe, swiðor mid
heortan þonne mid muðe, þæt heora stefn sy Gode gehendre 7
36 gehlystre þonne him syluum, 7 þus cweþon, 'Gratias ago tibi,
omnipotens Pater, qui me dignatus es in hac nocte custodire,

33 an] ȧn. MS.

deprecor clementiam tuam, misericors Domine, ut concedas mihi diem uenturum sic peragere in tuo sancto seruitio cum humilitate et discretione, qualiter tibi complaceat seruitus nostra.' ⁊ syn ealle gearwe 7 standon on chore be endebyrdnysse, þæt swa se(o) æfte- myste stund geendige, þæt hi sona mid miclere eadmodnysse 7 wynsumnysse herigeon heora Drihten on his engla gesihþe. ⁊ gif heora ænegum for unhæle hraca of breoste oððe snyflung of nosa derige, hræce 7 snyte bæftan him oððe adun be his sidan, 7 þæt fortrede, þe læs hit seocmodum [p. 36] broþrum 7 cisum wyrðe to wlættan ; 7 wærlice tredon þæt, þe læs heora reaf wurðon þærof fule, þonne hi on gebedum licgeað. ⁊ on cyrcan 7 on portice 7 on ælcre stowe, swa hwæt swa ma him fram hræce oððe snyte, fortrede hit mid his fotum.

XIII. *De officiis diuinis in noctibus*

Hiemis temporibus, id est a Kalendis Nouembris usque in Pascha, iuxta considerationem rationis, octaua hora noctis surgendum est, ut modice amplius dimidia (*M.* de media) nocte pausentur, et iam digesti ad uigilias surgant. Post finitas nocturnas dicant uersum, 'Exultabunt sancti in gloria,' aut, 'Exultent iusti in conspectu Dei.' Deinde Cyrrieleyson et Orationem Dominicam. Et fiat interuallum, excepto Dominicis diebus et festiuitatibus sanctorum, iuxta considerationem episcopi, uel eius qui sub eo est, id est, ut quadraginta aut quinquaginta psalmos possint cantare, secundum quod uisum fuerit, et hora permiserit. Et qui psalterii uel lectionem (*M.* -num) aliquid indigent, meditationi inseruiant. Et non presumat aliquis in ipso interuallo tempore (tempore *not in M.*) dormire, nisi quem infirmitas cogit, et hoc per licentiam fiat; et qui aliter fecerit excommunicetur. Reliqui omnes ordinem uigiliarum teneant usque ad matutinas dictas. Et in ipso interuallo summum silentium fiat, tam in uoce, quam in actu, uel incessu seu sono alicuius rei, ut liceat unicuique absque alterius inquietudine peccata sua cum gemitu et suspirio et lacrimis Deo confiteri, et ueniam uel remissionem pro ipsis ab omnipotente Deo orando [p. 37] et petendo postulare.

XIII. *Be þam godcundan þeowdome an niht.*

Wintertidum, þæt is fram þam monðe Nouembre oð Eastru, be þam þe hit ma mid gesceade aredian mage, to þære eahtoðan tide

9 *fortredde.*   12 mā.   37 mā.

þære nihte man sceal arisan, þæt hi slapon lytle mare þonne healfe niht, þæt swa þeah heora mete gemilt beo ær hi arison. ⁊ æfter þam þe se uhtsang beo gesungen, cweðe man þæt fers, 'Exultabunt sancti in gloria,' oððe, 'Exultent iusti in conspectu dei,' syððan 'Kyrrieleison' 7 'Pater noster'. ⁊ habbon þonne interuallum, þæt is hwil oððe rum betwyx uhtsange 7 dægeredsange, butan Sunnanuhtan 7 mæsseuhtan, þonne ne þearf nan interuallum beon. ⁊ we(o)rcuhtan besceawige se bisceop oððe se ealder þe under him byð, þæt se interuallum beo swa lang þæt (man) mage singan feowertig sealma oððe fiftig. oððe locahu him þonne ræd þince. ⁊ se þe þonne sealmsanges oððe hwilcre rædinge behofað, smeage þonne georne. ⁊ ne gedyrstlæce nan broðor on þam interuallum to slapenne, butan hwa unhal sy, 7 se þonne hæbbe leafe; gif hwa elles do, sy he ascyred fram þæs dæges drince. ⁊ ealle georne healdon þa geendebyrdan wæ(c)ce(a)n oð dægredsang gesungen beo. ⁊ on þam interuallum sy healic swige, ægðer ge on stefne, ge on dæde, ge on færelde, ge on ælcum swege, þæt æghwilc mage butan oðres hremminge his synna Gode andyttan mid geomurunge 7 sic(c)etunge 7 tearum, þæt hi æt þam ælmihtigum Gode heora forgyfnysse 7 lysse mid gebedum 7 mid halsingum begyton.

[p. 38]   XIIII. *De uigiliarum antiquitate.*

Antiqua est uigiliarum deuotio, familiare bonum omnibus sanctis. Isaias dicit, 'De nocte uigilat spiritus meus ad te, Deus.' Item Dauid, 'Media nocte surgebam ad confitendum tibi super iudicia iusticię tuę.' Hoc namque tempore uastator angelus transiens primogenita Egiptiorum percussit. Vnde et nos uigilare oportet, ne periculo Egiptiorum admisceamur. Isdem etiam horis uenturum se esse Dominus in euangelio asseruit, unde ad uigilandum auditores suos exsuscitans, dicit, 'Beati serui illi quos, cum uenerit Dominus, inuenerit uigilantes.' 'Et si uespertina' inquid 'hora uenerit, et si media nocte, et si galli cantu, inuenerit (*M.* et inuen-) eos uigilantes, beati sunt serui illi. Itaque et uos estote parati, quia nescitis qua hora filius hominis uenturus est.' Siquidem nec uerbis solis docuit uigilias, sed etiam confirmauit exemplo. Nam testatur euangelium quia erat Ihesus pernoctans in oratione Dei. Paulus quoque et Silas in custodia publica, circa medium noctis orantes,

17 *færelde*] *æ* alt. f. *e* by scribe.     18 After *Gode* about four letters erased.

himnum audientibus cunctis uincti dixisse memorantur; ubi repente terrę motu facto, et concussis carceris fundamentis, et ianuis sponte apertis, omnium uincula sunt soluta. Unde oportet his horis psallendi orandique frequentiam nos in sanctis habere officiis, 4 finemque nostrum, uel si aduenerit, sub tali actu expectare securi. Est autem quoddam genus hereticorum superfluas estimantium sacras uigilias, dicentium noctem esse factam ad requiem, sicut diem ad [p. 39] laborem. Hi heretici Greco sermone Nictates 8 [*M*. Nyctages], hoc est, somniculosi uocantur.

XIIII. *Be gefyrnesse haligra wæccena.*

Gefyrn is þæt haligra wæccena geornfulnys wæs synderlice gód gecoren Godes halgum. Sanc*tus* Isaias be þære wæccan þus cwæð, 12 'Of nihte wacað min gast to þe, God.' ꝉ Dauid cwæð, 'Middre nihte ic aras þæt ic wolde herian þe, Drihten, for þam domon þyre rihtwysnysse.' Witodlice on þisne timan nihtes se westenda engel ferde ꝉ Egyptiscere þeode ealle frumcennede acwealde. For þi 16 þonne wacion we, þe læs we beon gemengede wið þa Egyptisce(a)n frecednysse. Eac þam ylcan timan se Hælend on his godspelle his cyme toweardne cydde, þa þa he his þeowas wacian lærde, ꝉ cwæð þus, 'Eadige beoð þa þeowan, þe heora hlaford, þonne he cymð, hi 20 wæccende fint. Cume he on æfen,' he cwæð, 'cume he to middere nihte, cume he to hancrede, eadige beoð þa þe he wæccende gemett. For þi þon*n*e beoð ge gearwe, for þon ge nyton hwilcere tide mannes bearn cymeð.' ꝉ witodlice na mid wordu*m* anum þæt ure 24 Driht*en* wæccean tæhte, ac he hit eac mid his agenre bysne getrimde. Soðlice þæt godspel sægð þæt se Hælend wære ealle niht þurhwuniende on þa*m* godcun(d)lican gebede. Paulus eac ꝉ Silas, þa hi wæron on þa*m* folclican cwearterne, þa to middere 28 nihte gebædon (hi) hig silfe to Gode, ꝉ Godes lof hlude sungon, þæt ealle hit gehyrdon þe innan þam cwearterne *ge*bundene wæron; ꝉ sona wearð micel eorðbyfung, ꝉ cwacedon þa grundweallas, ꝉ þa dura sylfwylles asprungon, ꝉ heo[p. 40]ra ælces bendas aslupon. 32 For þi þonne on þam tidum us gebyrað to singanne, ꝉ ura gebeda geornfulnysse to hæbbenne on þa*m* haligum þenungum, ꝉ urne endedæg mid swilcum anbide orsorhlice trymman ꝉ bewarian. An cyn gedwyldmanna is þa wenað þæt halige wæccan syn idele, ꝉ 36 hi cweðað, 'Niht wæs geworht to reste ealswa dæg to worce.'

17 *egyptisce*,n by scribe on an erasure. 22 *gemette.*

Þa gedwyldmen man hæt on Grecise Nictates, 7 we on ure geþeode slumeras hi magon oððe swefeceras nemnan, 7 eac hi ma mæg slaperas hatan.

#### XV. *De matutinis.*

De matutinorum antiquitate et auctoritate Dauid dicit, 'In matutinis meditabor in te, quia factus es adiutor meus.' Et alibi, 'Preuenerunt oculi mei ad te diluculo, ut meditarer eloquia tua.' In nouo testamento, ex illo tempore quo Dominus noster Ihesus Christus in Bethleęm dignatus est nasci, matutinę sollempnitatis officium per uniuersum mundum cęlebrari inualuit. Matutina autem luce radiante Dominus et Saluator noster ab inferis resurrexit, siquidem et eodem tempore cunctis spes futurę resurrectionis creditur, cum iusti quasi a sopore somni resurgentes uigilabunt.

#### XV. *Be dægredsangum.*

Be dægredsanges gefyrnysse 7 ealderlicnysse Dauid cwæð, 'On dægred ic smeage ymbe þe, Drihten, for þam þu gewurde min helpend.' ȝ eft he cwæð, 'Mine eagan forehradedon to þe on mergen þæt ic smeade þine spræca.' On þære niwan ǣ, of þære tíde þe ure Drihten Hælend Crist on Bethleem wæs geboren, seo þenung þære dægredlican [p. 41] mærðe geond ealne middaneard wearð gemærsod. Soðlice þa se dægredleoma beorhte scymrode, þa Drihten, ure Hælend of helle aras, witodlice þære sylfan tide is gelyfed eallum se hopa þæs toweardan ærystes, þonne þa rihtwysan swylce of slæpes swæfcunge arisað 7 syððan á on ecnysse waciað on myrhðe.

#### XVI. *De ora prima.*

Conuenientes clerici ad primam canendam in ecclesia, completo officio ipso, ante psalmum quinquagesimum, donent confessiones suas uicissim, dicentes, 'Confiteor Domino et tibi, frater, quod peccaui in cogitatione, et in locutione, et in opere; propterea precor te, ora pro me.' 'Misereatur tui omnipotens Deus, indulgeat tibi omnia peccata tua, liberet te ab omni malo, conseruet te in omni bono, et perducat te in uitam aeternam.' Supplici corde certatim pro se orantes, hoc sibi faciant. Hoc exemplo conueniunt (*M.* Hoc expleto, conveniant) ad capitulum cotidie.

19 sprę̄ca.   21 þenung] e alt. f. æ.

Et ex ista institutione, quam propter illorum utilitatem, Deo auxiliante, fecimus, in unoquoque die aliquod capitulum relegant preter diem Dominicum et quartam et sextam feriam et sollempnitates sanctorum, in quibus relegant tractatus et alias omelias, uel quod edificet audientes. Ideo cotidie ad capitulum omnis clerus (*M.* omnes cleros) uenire constituimus, ut anima uerbum Dei audiat. Et episcopus, uel archidiaconus, uel qui in loco illorum pręesse uidetur, ibidem quod iubere habet iubeat, et quod corrigere corrigat, et quod faciendum sit, ordinare studeat. Et post lectionem recitetur etas mensis et lune, et nomina sanctorum quorum festa crastinus excipiet dies. [p. 42] Et postea pariter dicant uersum, 'Pretiosa est in conspectu Domini mors sanctorum eius.' Quem sequatur oratio a priore, ita, 'Ipsi et omnes sancti intercedant pro nobis peccatoribus ad Dominum, ut mereamur possidere uitam eternam. Amen.' Deinde dicatur uersus, 'Deus, in adiutorium meum intende,' tribus uicibus, priore incipiente, et cęteris respondentibus, 'Domine ad adiuuandum me festina'; subiungentes, 'Gloria patri,' et postea 'Kyrrieleison', et orationem Dominicam, usque 'Et ne nos inducas in temptationem, sed libera nos a malo.' Item pariter dicunt (dicunt *not in M.*), 'Respice in seruos tuos' usque in finem dicat (dicat *not in M.*) psalmi, subiungentes Gloria. Deinde prior dicat, 'Oremus! Dirigere et sanctificare et custodire digneris, Domine Ihesu Christe, Fili Dei uiui, hodie corda et corpora nostra et sensus nostros, in uia et in lege tua et in operibus mandatorum tuorum ad dirigendos pedes nostros in uiam pacis, ut hic et in perpętuum, te adiuuante, salui esse mereamur, qui cum Patre et Spiritu Sancto uiuis et regnas Deus per infinita secula. Amen.' Deinde dicatur, 'Adiutorium nostrum.' Alii, 'In nomine Domini, qui fecit celum et terram.' Post hęc, qui culpabilis est, postulet ueniam, et secundum modum culpe iudicium recipiet. Quisquis uero ueniam postulet pro culpa, quantum plus se humiliauerit, et se culpabilem asseruerit, tantum misericorditer ac leuius a priore iudicetur. Necesse est enim ut omnes nostrę neglegentie, id est cogitationum, linguę, uel operis, in presenti uita per ueram confessionem et humilitatem semper iudicentur, ut non post mortem [p. 43] reos nos faciant.

XVI. *Be primsangum.*

Ðonne preostas to cyrcan cumon heora prim to singenne, þonne

38 *cyrc(e)an*] the *e* by a diff. hand.

hi heora þenunge geendod hæbbon, ær þam fiftigan sealme, don hi heora andytnysse him betweonan ⁊ cweðon, 'Confiteor Domino et tibi, frater, quod peccaui in cogitatione, in locutione, et in opere;
4 propterea precor te, ora pro me. Amen.' 'Misereatur tui omnipotens Deus, indulgeat tibi omnia peccata tua, liberet te ab omni malo, conseruet te in omni bono, et perducat te in uitam ęternam.' ⁊ þa þonne andswærion, 'Amen.' Eadmodre heortan heora ælc for
8 oðerne gebidde ⁊ þis don. ⁊ be þisse bisne cuman dæghwamlice to capitule. ⁊ of þisse gesettednysse þe we for heora þearfe þurh Godes fultum gesetton, ræde ma ælce dæge sumne cwide butan Sunnandæge ⁊ Wodnesdæge ⁊ Frigedæge ⁊ mæssedagum, þonne
12 ræde ma beforan him halige trahtas ⁊ godspella anwrigenyssa ⁊ þæt þæt getimbrie þa gehyrendan. Ði we gesetton þæt preostas dæghwamlice to capitule cumon, þæt seo sawul gehyre þær Godes word, ⁊ þæt se bisceop ⁊ se ærcediacon ⁊ þa ealderas þær to haton
16 þæt man hatan scyle, ⁊ þær rihton þæt to rihtene sy, ⁊ þæt ma þær dihte swa ma don scyle. Æfter þære rædinge nemne ma þæs monðes dæg ⁊ þæs monan ylde ⁊ þæra sancta naman þe heora freols on morgen bið. ⁊ æfter þam cwæðe ma þæt fers, 'Pretiosa est in conspectu
20 Domini mors sanctorum (eius).' ⁊ syððan se ealdor þæt gebed þus, 'Ipsi et omnes sancti Dei intercedant pro nobis peccatoribus ad Dominum, ut mereamur possidere uitam aeternam. Amen.' Siððan cweðan þæt fers, 'Deus in adiutorium meum intende' þriwa. [p. 44]
24 Se ealdor hit beginne, ⁊ þa oðre andswarion, 'Domine ad adiuuandum me festina'; ⁊ þonne 'Gloria Patri'; ⁊ 'Kyrrieleison'; ⁊ 'Pater noster,' oð 'Et ne nos inducas in temptationem, sed libera nos a malo'. Eft siððan þæt fers, 'Respice in seruos tuos,' oð þæs sealmes ende, ⁊
28 þonne Gloria. ⁊ syððan cweðe se ealdor, 'Oremus. Dirigere et sanctificare et custodire digneris, Domine Ihesu Christe, Fili Dei uiui, hodie corda et corpora nostra et sensus nostros in uia et in lege tua et in operibus mandatorum tuorum ad dirigendos pedes nostros
32 in uiam pacis, ut hic et in perpetuum, te adiuuante, salui esse mereamur, qui cum Patre et Spiritu Sancto uiuis et regnas Deus per infinita secula seculorum. Amen.' Þonne, 'Adiutorium nostrum.' 'In nomine Domini, qui fecit cęlum et terram.' Æfter þan se ðe
36 gilti beo, bidde him forgifnysse, ⁊ æfter þæs gyltes mæðe sy him demed. ⁊ þam þe forgifnysse bidde, swa he eadmodra beo, ⁊ his

18 *naman þe heo* by the scribe on an erasure. 20 ei$^9$, wr. o. l. by a diff. hand. 25 oð]⁊ MS. 30 cordą.

gyltes geþafera, swa micle mildelicor 7 leohtlicor him ma deme. Hit is neod þæt ealle (ure) gimeleasta, þæt is geþohta 7 spræce 7 weorca, on þis anwearda life þurh soðe andetnysse 7 eadmodnysse syn demede, þæt hi us æfter deaðe ne gedon scyldige.

### XVII. *De opere manuum cotidiane* (*M. -no*).

Surgentes a capitulo uadunt (*M.* -ant), aut simul aut separatim, ad opus sibi iniunctum, ut ratio prestat, custodientes silentium, decantent salmos suos aut bini aut singuli, iuxta quod congruum est, nihil aliud loquentes, nisi forte de ipsa arte et quod (et quod *not in M.*) necesse fuerit dicere, et hoc caute. Et quando inceperint opus suum, dicant, 'Benedictus es, Domine Deus, qui adiuuisti me et consolatus es me. Amen.' [p. 45] 'Misereatur nostri omnipotens Deus. Amen.' Et quando communia opera non est necesse facere, unusquisque quod opus habet, faciat, quia otiositas inimica est animę.

### XVII. *Be heora handa weorce dæghwamlice.*

Ðonne preostas fram capitule arison, gangon, oððe ætgædere oððe onsundrum, to þam worce þe him beboden beo mid gesceade, 7 healdon heora swigan, 7 singan heora sealmas, oððe twegen 7 twegen, oððe an 7 an, locahu hit þonne gelimplic beo, 7 ne sprecon ymbe nan þing buton ymbe heora worc, 7 þæt gedreohlice 7 wærlice. 7 þonne hi heora worc beginnon, þonne cweðan hi 'Benedictus es Domine Deus, qui adiuuasti me et consolatus es me, amen.' 'Misereatur nostri omnipotens Deus, amen.' 7 þonne hi ne þurfon gemæne worc weorcean, wirce ælc sum þing þæs þe his agen neod sy, 7 geþenceon þæt ydelnys is þære sawle feond.

### XVIII. *De tribus horis diei.*

Horam tertiam et sextam et nonam Danihel et tres pueri supplicationibus suis Domino denouerunt. Scilicet ut ab ortu diei in tempus supplicationis tres hore porrectę Trinitatis nobis reuerentiam declararent. In hora tertia Spiritus Sanctus descendit super apostolos. In sexta hora Christus passus est. In nona hora emisit spiritum.

### XVIII. *Be þrym tídum þæs dæges.*

Vnderntide 7 middægtide 7 nontide se witiga Danihel 7 þa þry

3 *onþisanweardalife.*

haligan cnihtas mid heora halsingum Drihtene beheton 7 gehal-
gedon. Swylce fram þæs dæges upspringe [p. 46] to halsungtiman
þreo tida syn forð aðenede, þæt hi þære halgan Þrynnysse wur-
4 ðunge us geipton. To þære undertide se Halga Gast com ofer þa
apostolas, 7 to middæges Crist þrowode, 7 to nones his halgan gast
asende.

XVIIII. *De hora vespertina.*

8 Vespertinum diurni finis officium sequitur et diurne lucis
occasus, cuius ex ueteri testamento sollempnis est celebratio.
Testis est Dauid, qui dicit, 'Dirigatur oratio mea,' et reliqua. In
nouo testamento eodem tempore Dominus et Saluator noster
12 cenantibus apostolis misterium sui corporis et sanguinis tradidit.
His temporibus in honore ac memoria tantorum sacramentorum
adesse nos decet Dei conspectibus, et personare in eius cultibus et
laudibus.

16 XVIIII. *Be æfentide.*

Æfter þissum tidum sona cymð se æfensang se gefylð ealles þæs
dæges þeowdom, 7 þæs dæges leoht þonne eac wanoð. Of þære
ealdan æ us is geswutelod seo mærsung þære tide, swa Dauid cydde
20 þa he cwæð, 'Drihten, si min gebed geriht up to þinre ansyne
ealswa recels, 7 sy minra handa upahafu þe gecweme æfenofrung.'
On þære niwan æ to þære ylcan tide Drihten, ure Hælend, on-
gemang his apostola gereorde began þa gerinu his þæs halgan
24 lichaman 7 blodes 7 him sealde. On þam timan on wurðunge
7 on gemynde swa micelra gerina us gedafenað þæt we on Godes
gesihðe standon 7 drymon his lof on his þæm mærlican bigenge.

XX. *De completis.*

28 De completis celebrandis in patrum inuenitur exem[p. 47]plis,
Dauid dicente, 'Si ascendero in lectum strati mei, si dedero so-
mnum oculis meis, et palpebris meis dormitationem, et requiem
timporibus meis, donec inueniam locum Domino, tabernaculum
32 Deo Iacob.' Nos autem si locus Domini esse uolumus, et taberna-
culum ac templum eius cupimus haberi, in quantum possumus
exempla sanctorum imitemur, ne de nobis dicatur quod legitur,
'Dormierunt somnum suum, et nihil inuenerunt omnes uiri
36 diuitiarum in manibus suis.'

20 *geriht*] over the *i* a diff. hand has added *t e.*

## XX. Be nihtsange.

Be nihtsanga wurðungum is funden on haligra fædera bysnum, swa Dauid cwæð, 'Ne astige ic on bed mines crybbes, ne ic ne sylle swefcunge minum eagum, ne minum bræwum slæp, ne reste 4 minum þunwon(c)gum, ær ic gemete Drihtenes stowe 7 eardunge Iacobes Godes.' We þonne soðlice, gif we wyllað beon Drih[t]nes stow 7 his eardung 7 his templ, þonne sceolon we, swa miclum swa we mæst magon, geefenlæcean haligra manna bisna, þæt ne beo 8 on us gefylled þæt gecweden is, 'Slepon heora slæp, 7 nawiht ne fundon ealle weras welena on heora handum.'

## XXI. De recepto silentio post completum.

Ex completo completorio (*M.* Expleto completo) summum silen- 12 tium fiat, et orationes secrete fiant cum recordatione peccatorum, et postea gratias agant Deo, dicendo, 'Gratias ago tibi, Domine, sancte Pater omnipotens, eterne Deus, qui me dignatus es in hac die custodire, per tuam sanctam misericordiam concede mihi hanc 16 noctem mundo corde et corpore sic pertransire, qualiter, mane surgens, gratum tibi seruitium exsoluere [p. 48] possim.' Et cum magna cautela ambulent in ecclesia et in dormitorio; et cum ad proprium stratum uenerint, dum se collocauerit clerus, dicat 20 psalmum, 'Deus, in adiutorium meum intende' totum cum Gloria, et postea dicat uersum, 'Pone, Domine, custodiam ori meo, et hostium circumstantię labiis meis.' Sicut mane surgens postulauit sibi labia a Domino aperire (*M.* -ri), sic requiescens roget ponere 24 (*M.* poni) ori suo a Domino custodiam.

## XXI. Be þære swigan æfter nihtsange.

Ðonne nihtsang gesungen beo, þonne habbon hi healice swigan 7 began digle gebedu mid g(e)m(ineg)unge heora sinna, 7 siððan 28 þancian Gode his mildheortnisse 7 heordredene, 7 þus cweðon, 'Gratias ago tibi, Domine, sancte Pater omnipotens, eterne Deus, qui me dignatus es in hac die custodire, per tuam sanctam misericordiam concede mihi ha(n)c noctem mundo corde et corpore sic 32

4 *sweflunge*] over the *t* a diff. hand has added *t c*.   5 *þunwongum*] the *o* alt. to *e* by a diff. hand.   28 *gym,unge*] the *y* has been erased, and the *e* and the *ineg* added by a diff. hand.   29 *mildan heortan*] both the *an*'s have been erased, and *nisse* added over the second by a diff. hand.   32 *in hac*] the scribe added the *n*, but forgot to erase the *in*.

pertransire, qualiter, mane surgens, gratum tibi seruitium exsoluere possim, per *Dominum*. ꝫ siððan mid miclum wærscipe gan of cyrcan to heora slæperne; 7 þonne hig to heora agnum bedde cumon, 7 hi sylfe on heora reste geloged habbon, þonne cwæðan hi þone sealm, '*Deus* in adiutorium meum intende' ealne to ende mid *Gloria*, 7 siððan cweþon *þæt* fers, 'Pone, *Domine*, custodiam hori meo, *et* hostium circumstantię labiis (meis).' Ealswa he bæd on uhtan, þa he aras, *þæt* Drihten his weleras to his lofe geoponode, ealswa þonne he restan wylle, bidde his Drihten his muðes heord-ræddenne.

XXII. *De eo quod horas canonicas canonici religiose obseruare debent.*

[p. 49] Studeant sumopere canonici predictas horas uigilantissima cura custodire, et in his diuinum officium humiliter ac deuote persoluere. Mox enim ut auditum fuerit signum, festinanter ad ecclesiam conuenient, relictis omnibus quelibet fuerint in manibus, sic tamen ut non pereant. Et si longe ab ecclesia aliquis fuerit, ut ad opus Dei per horas canonicas occurrere non possit, agat opus Dei cum tremore diuino ubi tunc fuerit. Et preuideat custos ęcclesie ut illa signa horis competentibus sonentur. Et caueant canonici ut non pompatice aut inhoneste uel incomposite et superbe intrent, aut stent, aut sedeant in ęclesia.

XXII. *Be þa*m *þæt preostas heora tidsangas œufœstlice began.*

Gymon preostas miclum weorce *þæt* hi þas foresædan tida mid wacolre geornfulnysse healdon, 7 on þam þone godcundan þeowdom eadmodlice 7 estfullice gefyllon. Sona swa hi *þæt* beacn gehyron, swa efston hi ealle to cyrcan 7 forlæton swa hwæt swa hi on handa hæfdon; warnian swa þeah *þæt* hit amyrred ne wurðe. ꝫ gif hwa swa feor fram cyrcan beo *þæt* he (ne) mæge to ðam gesettan tidsangum cuman, gefylle þar þar he beo mid Godes ege þone godcund-lican þeowdom. ꝫ besceawion þa cyrcweardas *þæt* hi. þa tida gedafenlicu*m* timum hringon. ꝫ warnion þa preostas *þæt* hi mid prytum ne mid higeleaste ne mid unsidu*m* ne mid ofermedum gan, oððe standon, ne ne sitton on cyrcan.

XXIII. *De diligentia psallendi.*

Vbique credimus diuinam esse presentiam et oculos Domini speculari bonos et malos; maxime tamen hoc sine [p. 50] aliqua dubitatione credamus, cum ad opus diuinum adsistimus. Ideo semper memores simus quod ait propheta, 'Seruite Domino in timore, et exultate ei cum tremore.' Et iterum, 'Psallite sapienter.' Et, 'In conspectu angelorum psallam tibi.' Ergo consideremus qualiter oporteat in conspectu diuinitatis et angelorum eius esse, et orare, et sic stemus ad psallendum, ut mens nostra concordet uoci nostre. Nam si cum bonis hominibus uel potentibus (*M.* uolumus aliqua suggerere), non presumimus nisi cum humilitate et reuerentia, quanto magis Dominus uniuersorum a nobis cum humilitate et puritate supplicandus est?

XXIII. *Be þæs sealmsanges geornfulnysse.*

Æghwær we gelyfað Godes andwyr[d]nysse ꝶ his eagan besceawian góde ꝶ yfele; swiðost we swaþeah buton ælcon twy we gelyfað, þonne we æt þam godcundum þeowdome standað. For þi þonne gemunon we þæt se witiga cwæð, 'Hyrað Drihtene mid ege, ꝶ gladiað mid hogum.' ꝶ eft he cwæð, 'Singað wislice.' ꝶ eft he cwæð, 'On engla ansyna ic singe þin lof.' For þi þonne besceawian we hu us gedafnie an þære godcundan gesihðe ꝶ on his engla us to gebiddene, ꝶ standon swa to urum gebede, þæt ure mod geþwærie ure stefne. Witodlice gif we ne durron æt godum mannum ꝶ æt ricon nanes þinges gyrnan butan mid eadmodnysse ꝶ mid arwurðynsse, hu micle ma ealra gesceafta Drihten is eadmodlice ꝶ syferlice to biddene?

XXIIII. *De eo quod non pompatice standum est in ecclesia.*

[p. 51] Mox autem, audito signo, omnes canonici festinent ad eclesiam, et non pompatice aut inhoneste uel inconposite, sed cum Dei timore ingrediantur eam. Nec cum baculis aut cambuttis aut fustibus in choro, exceptis debilibus, sed religiosę illis standum et psallendum est. Sunt etenim quidam clericorum qui in secularibus negotiis et disceptationibus pene totum infatigabiliter deducunt diem, et mox ut ęclesiam ad diuinum officium peragendum intrauerint, ita fatigari uidentur ut nec orationi uacare, nec ad psallendum stare queant, sed potius sedentes, non diuinis, sed uanis solent instare loquelis, et secularia uerba et, quod dictu nefas est, turpia et obscena inuicem proferunt. Oportet namque ut ab his qui id faciunt, et ab illis qui eos forte imitari uolunt, iste

17 *ansyna*. So MS.   18 *we us hu.—an*] ą̊n. MS.

exsecrabilis usus radicitus euellatur, secundum sententiam Domini dicentis, 'Domus mea domus orationis uocabitur.'

XXIIII. *Be[þam] þæt hy na prutlice on cyrcan ne standan.*

4 Sona swa hi þæt cyrclice beacen gehyron, swa efston ealle preostas to cyrcan, 7 na prutlice oððe higeleaslice, ac mid Godes ege gangon in, na mid cygclum ne mid criccum ne mid stafum ne cumon hi binnan chore, buton hwa lef sý, ac arwurðlice standon 8 hi 7 singon. Sume preostas syn þe ungeteorode ealne dæg adreogað ymbe woroldþing 7 geflit, 7 sona swa hi into cyrcan to þam godcundan þeowdome cumað, swa beoð hi geteorode þæt hi ne magon hi gebiddan ne to heora sealmsange (ge)standan, ac sittað 7 beoð 12 abysgode þar na ymbe godcundlice þing, ac ymbe woroldþing, 7 [p. 52] (þæt sceandlic is to secganne), ymbe fracede 7 fullice spræca. Hit gedafenað þæt we þisne asceoniendlican ungewunan grundlinga awirtwalian, ge fram þam þe hine doð, ge fram þam þe him 16 geefenlæcan wyllað, be ures driht[n]es cwide þe he cwæð, 'Min hus is gebedhus geci(g)ed.'

XXV. *De proficiscentibus in itinere.*

Quicumque ex clero in itinere cum episcopo uel cum alio profici-
20 scuntur, ordinem suum, in quantum iter uel ratio permiserit, non neglegent; et non eos debent preterire hore constitute, tam de officiis diuinis, quam aliunde.

XXV. *Be þam þe sculon farende beon.*

24 Swa hwylc preosthades manna swa on færelde beo mid bisceope oððe mid oðrum men, healdan heora hades gerihto þæs þe hi be þæs weges geswince mid gesceade magon, 7 ne forlæton heora gesetan tida ne an godcundum þenungum ne on oðrum gesceadum.

28 XXVI. *De his qui in quibusdam leuioribus culpis delinquunt.*

Si quis ex clero ad opus Dei uel ad mensam tarde occurrerit, aut pro aliqua causa senior suus salmodiam uelut (*M.* vel) missas cantare ordinauerit, et hoc minime impleuerit; et si fregerit 32 quippiam aut perdiderit, uel aliquid excesserit, et non ueniens continuo ante episcopum, aut ante eum qui sub eo est, ipse non (non *not in M.*) ultro satisfecerit, uel celauerit delictum suum,

---

3 The *þā* is wanting in the MS., but a seventeenth-century hand has added it.   6 *cyyclum.*   27 *an*] *an* MS.

dum per alium cognitum fuerit, maiori subiaceat emendationi; nam si ipse sponte con[p. 53]fessus fuerit, leuiori subiaceat emendationi, secundum modum culpę; qui modus correptionis in episcopi, aut in illius iudicio qui sub eo est, pendeat. Qui in leuioribus culpis deprehensus fuerit, in illa die priuetur a mense participatione, et in oratorio psalmum aut antiphonam non inponat, nec lectionem recitet. Refectionem cibi post clerorum refectionem accipiat, ut si uerbi gratia cleri reficiunt sexta hora, ille nona, si cleri nona, ille uespera.

XXVI. *Be þam þe on litlum gyltum agyltað.*

Swa hwylc preost swa to late cume to tidsange oððe to beodferse, oððe him his ealdor hwylcne sealmsang oððe mæssunge bebeode, 7 he þæt forgyme; oððe gif he hwæt forlyst oððe tobrycð, 7 he sylfwilles ne cume to þam bisceope oððe to þam ealdre þe under him bið, 7 his gylt cyðe, þonne hit þurh oðerne man beo cuð, þæt he silf forhæl, þonne do ma him maran steore; gyf he þonne sylfwylles hit andette, þonne underhnige he leohte bote æfter his gyltes mæðe. Seo mæðung is on þam bisceope 7 on þam ealdre þe under him bið. Þissum gemete ma sceal betan leuem culpam, þæt is leohtne gylt. Sy he on þam dæge þe he betan scyle, ascyred fram gereorde, 7 on cyrcan ne beginne he sealm ne antiph[o]n, ne rædinge ne ræde. ꝺ ete ana his mete æfter broðra gereorde, swilce ic swa cweðe, gif broðra etan to middæges, ete he to nones, gif broðra to nones, he to æfenes.

XXVII. *De grauioribus culpis.*

Si quis clericus de ordine canonico grauioris culpę [p. 54] crimen commiserit, id est, homicidium, fornicationem, adulterium, furtum, uel his similia ex principalibus uitiis, corporali castigationi subiaceat primitus; deinde quanto tempore uoluerit episcopus, uel qui sub eo sunt, carcerem uel exilium patiatur, sciens illam terribilem sententiam apostoli dicentis, 'Tradere huiusmodi hominem in interitum carnis, ut spiritus saluus sit in die Domini.' Et dum in ipso carcere fuerit, nullus ei ex clero in ullo iungatur consortio, neque in colloquio, nisi cui prior iusserit; et hic solus persistęt in pęnitentia et luctu quamdiu priori uisum fuerit. Egressus uero de carcere, si episcopo, uel his qui sub eo sunt, uisum fuerit, agat adhuc puplicam pęnitentiam, id est, suspendatur ab oratorio, simul et a mensa; et omnibus horis canonicis ueniat ante hostium eclesie, ubi prior iusserit, iacens prostrato omni corpore suo, ante ipsum limitem ęclesie usque dum ingrediuntur omnes, et postea eriget se, et stet foris eclesie ante ipsum hostium et impleat ibi officium suum in quantum potest; et iacens uel stans ante ipsum limitem cum nullo homine loquatur. Egredientibus de eclesia, similiter prostratus iaceat, usque dum omnes egressi fuerint. Et de abstinentię (*M*. -tia) quamdiu uel qualiter episcopo, uel his qui sub eo sunt, uisum fuerit, mensura uel hora qua ei uiderint conpetere; neque a quoquam benedicatur usque dum reconcilietur.

### XXVII. *Be þam heafodgiltum.*

Swa hwylc preost swa on geferrædene healices [p. 55] gyltes leahter gefremme, þæt is manslege, forliger, unrihthæmed, oððe stale, oððe swylcra healicra gylta ænigne, swinge hine ma sona ærest; 7 siððan þolige he cwearternes wræcsyð þa hwile þe þam bisceope oððe þam ealdre þince. ꝺ gemune he þone andryslican cwyde þe se apostol cwæð, 'Sylle ma þæs (ge)métes mann on his flæsces forwyrd, þæt se gast beo hal on þam drihtenlican dæge.' ꝺ þa hwile þe he on (þam) cwearterne beo, ne geþeode him nan of þære geferrædene to (ne) mid spræce, ne mid geþoftscipe, ac ana þurhwunige he þara on hreowsunge, swa lange swa þam ealdre þince. Þonne he ut of þam cwearterne gange, gif þam bisceope 7 þam ealdre þince, do he þonne gyt opene dædbote, þæt is þæt he beo ascyred fram cyrcan 7 fram broðra gereorde 7 fram eallum tidsangum, 7 cume to cyrcan dura, þær se ealdor bebeode, 7 licge þær astreht eallum lichaman ætforan þære dura oð ealle ofer hine inn beon agangen, 7 syððan arise 7 stande up butan cyrcan dura, 7 gefylle þar his þeowdom be þam þe he mage; 7 licge he, stande he æt þære dura, ne sprece he wið næunne man. Þonne hi eft ut gan, licge he astreht, oð hi ealle ofer hine ut beon agangen. Þa forhæfednysse hæbbe he swa lange 7 a þá wisan þe þam bisceope 7 þam ealdre þynce, 7 þam gemete 7 þære tide þe him þince þæt hit gedafnie; ne him nan man nane bletsunge ne sylle oð he gefrefrod beo.

### XXVIII. *De reconciliatione penitentis capitale crimen.*

[p. 56] Ordo penitentiam agentis publicam hoc est: suscipiens (*M*. -pies) eum quarta feria mane in capite Quadragesime, id est

---

12 *forligeres unrihthæmeðes.* 15 *þence.*

in capite ieiuniorum, et cooperies eum cilicio, et oras pro eo, et
includes eum usque in cęnam Domini; qui eodem die presentatus
(*M*. -ntetur) in gremio aeclesie; qui dum uocatus uenerit ad
reconciliendum ante episcopum uel clerum, cum omni humilitate
prostrato omni corpore super terram ante absidam, petat ab
omnibus ueniam; et episcopus, uel qui sub eo est, dat orationes
super eum ad reconciliandum in quinta feria, id est in cena
Domini.

### XXVIII. *Be þære frefrunge þæs þe hreowseð heafodgylt.*

Endebyrdnys þæs þe deð opene dædbo(te) þæt is: þu underfoh
hine on Wodnesdæg onforan Lencgten, þæt is on caput ieiunii,
7 oferþece hine mid hæran, 7 gebide for hine, 7 beclys hine oð an
Þunresdæg ær Eastron, þæt is Cena Domini; 7 on þone dæg sy he
broht to þære halgan cyrcan greadon; 7 þonne he þæder geclypod
cume to frefrunge ætforan þam bisceope 7 þam preosthirede, þonne
astrecce he hine eadmodlice eallum lichaman an eorðan ætforan
þam rædinggrade, 7 bidde him æt eallum forgifnysse; 7 se bisceop
7 se ealdor gebiddon for hine mid eallum gebroðrum, 7 gefrefion
hine on þone Þunresdæg, þæt is on Cena Domini.

### XXIX. *De confessionibus.*

Hortatur nos scriptura dicens, 'Reuela Domino uiam tuam, et
spera in eum.' Item dicit, 'Confitemini Domino, quoniam in
seculum misericordia eius.' Item, 'Delictum meum [p. 57] cogni-
tum tibi feci, et iniustitias meas non abscondi.' Item, 'Confitebor
aduersum me iniustitias meas, Domine [*M*. -no], et tu remisisti
impietatem peccati mei.' Et iterum, 'Confitemini alterutrum pec-
cata uestra et deleantur.' Et alibi, 'Qui abscondit scelera sua,
non dirigetur; qui autem ea confessus fuerit, saluabit animam
suam a morte.' Et Dominus in euangelio ait, 'Agite penitentiam,
adpropinquabit enim regnum cęlorum.' Necesse est ut dummodo,
suadente diabolo, multa contra uoluntatem et preceptum Domini
commisimus, per ueram humilitatem et confessionem emendemus
penitentes, sicut patres sancti constituerunt. Et deinceps cum
aliqua cogitatio mala in cor, suadente diabolo, uenerit, cito episcopo
uel priori confiteamur, ut per ueram confessionem et penitentiam
regnum Dei habere mereamur. Nimis enim inprobus est qui ante
oculos Dei peccat et homini confiteri erubescit.

## XXIX. Be an[dytnyssum].

Vs manað þæt halige gewrit 7 cwyð, 'Geopena Drihtne þinne weg, 7 hiht on hine.' Eft hit cwyð, 'Andyttað Drih(t)ne, for þam 4 geond worolde is his mildheortnys.' Eft hit cwyð, 'Minne gylt ic dyde þe cuðne, 7 mine unrihtwysnysse ne behydde ic.' Eac eft cwyð, 'Ic andytte ongen me Drihtne mine unrihtwysnysse; 7 þu forgeafe þa arleasnysse minre synne.' ꝺ eft, 'Andyttað eow 8 betweox eowre synna, 7 hi beoð gedylogede.' ꝺ an oðre stowe hit cwyð, 'Se þe behyt his leahtras, ne bið he gerihtwysad; se þe hi soðlice andytt, he gehælð his [p. 58] sawle of deaðe.' ꝺ Drihten on his godspelle cwæð, 'Doð dædbote, soðlice heofena rice genea-12 læcð.' Hit is neod, þonne we fela þurh deofles lare doð ongean Godes wyllan 7 bebod, þæt we þurh soðe eadmodnysse 7 andytnysse betan þæt hreowsiende, ealswa hit gesetton halige fæderas. ꝺ syððan þonne ænig yfel geþoht þurh deofles swæp on ure heortan 16 cume, andyttan we þæt sona urum bisceope oððe gastlicum ealdre, þæt we moton þurh soðe andytnysse 7 dædbote habban heofena rice. Þearle þwyr is se þe singað beforan Godes eagum, 7 forsceamað þæt he þæt men andytte.

20 XXX. *Ordo ad penitentiam agendam et confessionem faciendam.*

Hęc est ratio pęnitentię et confessionis nostrę que coram Deo et sacerdotibus eius a nobis pariter agende sunt, id est in unoquoque anno tribus uicibus, id est in tribus Quadragesimis populus fidelis 24 suam confessionem suo sácerdoti faciat, et qui plus fecerit, melius facit. Monachi in unoquoque Sabbato, et clerici canonici in tertio Sabbato, (et cl. ca. in t. S. *not in M*.) confessionem faciant cum bona uoluntate episcopo aut priori suo. Quando uolueris 28 confessionem facere peccatorum tuorum, uiriliter age, et noli erubescere, quia inde uenit indulgentia, et sine confessione non est indulgentia. Inprimis prosterne te humiliter in conspectu Dei in terram ad orationem, et roga beatam Mariam cum sanctis 32 apostolis et martiribus et confessoribus, ut ipsi intercedant pro te ad Dominum, ut Deus omnipotens dignetur [p. 59] tibi dare sapientiam perfectam et scientiam et intelligentiam ueram ad confitendum peccata tua. Et postea surge cum fiducia et uera

1 *Be an* still there, the rest of the heading is gone.     3 *drihne*] *t* wr. o. l. by diff. hand.     19 *m:n*] an *a* erased, the *e* by diff. hand.

credulitate ad sacerdotem, et dicat tibi sacerdos, 'Serue dei, credis in Deum Patrem omnipotentem, creatorem cęli et terrę?' 'Credo.' Iterum, 'Credis in Patrem et Filium et Spiritum Sanctum?' 'Credo.' Iterum, 'Credis quod iste tres personę, quomodo diximus, Pater et Filius et Spiritus Sanctus, tres persone sint et unus Deus?' 'Credo.' Iterum, 'Credis quod in ipsa carne in qua nunc es, recipere habes quod egisti, et quod egeris siue bonum siue malum?' 'Credo.' Iterum, 'Credis resurrectionem et uitam esse post mortem?' 'Credo.' Iterum, 'Vis dimittere omnia mala illis omnibus qui in te peccauerunt, ut Deus dimittat tibi omnia peccata tua, dicente eodem Domino in euangelio, 'Si remiseritis hominibus peccata eorum, remittuntur uobis peccata uestra?'' 'Uolo.' Et postea requirat eum sacerdos diligenter, si sunt secum opera mala que separant hominem, ut ait apostolus, a regno Dei. Hęc sunt: mala cogitatio, malus sermo et otiosus, odium, inuidia, detractatio, maledictio, conuitium, turpiloquium, scurilitas, dissimulatio, adu- latio, murmuratio, cupiditas carnalis, elatio, desidia, pigritia, inhonoratio bonorum, inhonoratio cognatorum, inhonoratio dierum Dominicorum et sanctorum sollemnitatum, ignorantia, neglegentia, uana gloria, iracundia, auaritia, falsa testificatio, somnolentia, intemperantia in cibis, rapina, gula, ebrietas, commessatio, [p. 60] fornicatio, adulterium, sacrilegium, superbia, periurium, furtum, homicidium, et his similia. Et postquam confessus fuerit sua peccata, si uult dimittere ea, da ei pęnitentiam, et si non uult dimittere, non des ei pęnitentiam, quia non potes. Et si uult dimittere ipsa peccata, fac eum confiteri ea, et ad ultimum dicere, 'Multa sunt peccata mea in factis, in uerbis, in cogitationibus.' Tunc da ei pęnitentiam canonice mensuratam; et postea effunde super eum orationes et preces. Cauendum est utique ne hi qui in grauibus peccatis incidant, et hi qui in leuibus delinquunt, equaliter iudicentur, sed secundum morbum adhibenda est medicina.

XXX. *Be þam hu man scyle andytnysse underfon 7 dædbote tæcan.*

Ðis is þæt gescead þære dædbote 7 þære andyttnysse þe we don scolon ætforan Gode 7 his sacerdon, þæt is ælce geare þriwa, on þam þrim Lencgtenum ælc arwurðlice getriwe man do his andetnysse his mæssepreoste, 7 se þe ofter deð, he bett deð. Munecas sceolon ælcere wucan, 7 preostas ymbe þreo wucan don

heora andytnysse heora bisceope oððe heǫ́ra ealdre mid godum
wyllan. Þonne þu wille andetnysse don þinra sinna, þonne do
þu caflice, 7 ne sceamie þe, for þam þanon cymð forgyfnys, 7 butan
4 andetnysse nis nan forgyfnes. Ærest aþéne þe eadmodlice to
eorðan on Godes gesihðe to gebede, 7 bide þa eadigan Marian 7 þa
halgan apostolas 7 halige martires 7 þa eadigan confessores [p. 61]
7 þa gemærsodan fæmnan þæt hi gebiddon to Drih(t)ne for þe, þæt
8 se ælmihtiga God gesylle þe full(n)e wisdom 7 gewitt 7 soð andgytt
to andettene þine sinna. 7 siððan aris upp bealdlice mid truwan 7
soðum geleafan to þam mæssepreoste, 7 cweðe se mæssepreost to þe,
'Þu Godes þeowa, gelyfst þu an God Fæder ælmihti(g)ne scippend
12 heofenes 7 eorðan?' Andswara þu, 'Ic gelyfe.' Þonne cweðe
(eft) se mæssepreost, 'Gelyfst þu on Fæder 7 on Sunu 7 on
Hali(g)ne Gast?' Andswara þu, 'Ic gelyfe.' Eft se preost,
'Gelyfst þu þæt þas þri hadas þe we sædon, Fæder 7 Sunu 7 Halig
16 Gast, synd þry hadas 7 an God?' Andswara þu, 'Ic gelyfe.' Eft
se preost, 'Gelyfst þu þæt þu on þam sylfan flæsce þe þu nu eart,
scealt underfon þæt þu gewyrcst, swa god swa yfel?' Andswara
þu, 'Ic gelyfe.' Eft se mæssepreost, 'Gelyfst þu ærestes 7 lif we-
20 san æfter deaðe?' Andswara þu, 'Ic gelyfe.' Eft se preost,
'Wylt þu forgyfan oðrum mannum ealle þa gyltas þe hi wið þe
agylton, þæt God forgife þe þine synna, ealswa Drihten sylf on his
godspelle cwæð, 'Gif ge forgyfað mannon heora gyltas, þonne
24 beoð eow forgifene eowre synna?' Andswara þu, 'Ic wylle.'
7 ahsige se mæssepreost siððan geornlice, gif þa yflan dæda syn
mid þe þe asciriað þone man fram Godes rice, swa se apostol cwæð.
Þis synt þa þing: yfel geþanc, yfel spræc 7 idel, hatung, anda, tala,
28 wyrging, hospp, fracod spræc, higeleast, lic(c)etung, twaddung, murc-
nung, flæsclic grædignys, prutnys, aswundennys, sleacnys, unwur-
þung goddra manna, [p. 62] unwurðung [maga], sunnandaga un-
wurþung [7] freolsdaga, nytennys, gymeleast, ydel wuldor, yrsung
32 gitsung, leas gecyðnes, slapolnys, ungemetfestnys metta 7 drinces,
reaflac, gifernys, dru(n)cennis, oferfyll, forliger, unrihthæmed,
deofolgild, modignys, forswarung, þæt is mæne aðas, stalu, man-

---

1 Over *heora bisceope* is wr. *mid godū willan*.—the third *heora*] *heǫra*.
11 *an*] *ạn*. MS. 28 I read *twaddong* (*o* alt. f. *u*), but the word has been partly
erased and then inked over again, and some of the letters are badly
formed. 30 *maga* is not in MS. 31 7 is not in MS. 34 *modignys þæt is
mæne aðas forswarung*.

slihtns, 7 swilce þing. ⁊ siððan se scyldiga þas synna geandett hæbbe, gif he hi forlætan wylle mid geswicednysse, þonne tæce ma him dædbote; gif he þonne geswican nele, ne tæce man him nane dædbote, for þam man ne mæg. ⁊ gif he wylle hi forlætan, 4 þonne gedo se preost þæt (he) hi geandytte, 7 æt þam ende cweþe, ' Minra synna is fela on weorcum 7 on wordum 7 on geþancum'. ⁊ tæce him man siððan swilce dædbote æfter ealdorlicum gemete, 7 siððan do ofer hine halige gebeda 7 bena; 7 geþence þæt se 8 lichoma behofað wises leces, 7 micle ma seo sawul. Wytodlice hit is to warnienne þæt ma þam þe an heafodleahtrum beoð befeallene, 7 þæm þe beoð on leohtlicum gyltum na gelice deme 7 scrife, ac be þære adle mæðe sy se læcecræft funden. 12

XXXI. *De excommunicatione culparum.*

Si quis clericus contumax, aut inobędiens, aut superbus, aut ebriosus, aut detractor, aut fornicator, aut contradictor, aut bilinguis, aut rebellis, aut contentiosus, aut raptor, aut fur, aut murmurator, aut 16 increpator, aut indicti ieiunii transgressor, aut ad crucem standi et adorandi contemptor, aut in [p. 63] aliquod contrarium consistens, aut preceptis episcopi, uel eorum qui sub eo sunt, contemptor fuerit, sua uoluntatę ueniam non petierit, hic secundum Domini 20 preceptum admoneatur semel et bis et ter secreto a senioribus suis, et si se non emendauerit, obiurgetur publice coram omnibus. Si uero neque sic se correxerit excommunicationi subiaceat. Si autem inprobus est, aut minus intelligens, aut incorrigibilis, uindictę 24 corporali subdatur.

XXXI. *Be amansumunge gylta.*

Gif hwylc preost beo toþunden, oððe ungehyrsum, oððe modig, oððe druncengeorn, oððe tælende, oððe unrihthæmere, oððe 28 wiðersprecend, oððe twyspræce, oððe wiðercoren, oððe geflittgeorn, oððe reafere, oððe þeof, oððe murcnere, oððe cidere, oððe gebodenes fæstenes forgægend, oððe Cristes rode tacnes forhogiend, oððe on ænige wisan beo gemét þwur ongen his bisceopes gebod 32 oððe his ealdres, 7 he sylfwylles forgifnysse ne bidde, gestandon his yldran hine æne oððe tuwa oððe þriwa æfter Godes gebode, 7 gif he þonne gyt ne geswice, þreage ma hine openlice beforan eallum broðrum. Gif he þonne gyt ne geswice be þam, þonne amansumige 36

10 *an* alt. by the scribe to *on*.

ma hine. Gif he þonne þwur sy, oððe unandgyttol, oððe earfoð-
rihte, þonne þreage ma hine lichamlicre swingle.

### XXXII. *De quadragessime obseruationibus.*

4   Licet omni tempore uita christianorum simplex [p. 64] debet
(*M*. debeat) esse et sobria, maxime tamen religiosis mentibus conuenit
ut his diebus continentius uiuant, et sedula seruitute adherere Deo
contendant.  Ideoque decernimus ut in illis quadraginta diebus ante
8 Pascha cum omni puritate mentis et corporis noster clerus, Deo
iubente, in quantum potuerit, se custodiat.  De cibi et potus per-
ceptione, in quantum Deus auxilium dederit, parcitatem habeat, id
est, ut cotidie, exceptis diebus Dominicis, a capite Quadragesimi
12 (*M*. -mae) ad sanctum Pascha, post dictam uesperam in refectorio
reficiat, et ab illis cibis se abstineat uel potu, sicut episcopus, uel
qui sub eo sunt, cum ratione constituerit.  Et alibi neque in ipsa
ciuitate, neque in monasteriis, neque 'in quibuslibet locis, neque
16 in domibus propriis, his quadraginta diebus non (non *not in M*.)
reficiant, nisi ubi hora conpetente ad cibum suum accipiendum pro
utilitatis causa longe fuerint et adesse cum fratribus non potuerint.
Lectioni uero clerici in his quadraginta diebus, exceptis Dominicis
20 suis, a prima dicta usque ad tertiam plenam uacent, et fores
claustri, nisi necesse fuerit, non egrediantur, nisi episcopus, aut qui
sub eo est, iudicauerit ut fiat, quod faciendum est.  Et post tertiam
cum tempore (*M*. tunc temporis) capitulum habeant, et postea faciant
24 quod congrua (*M*. -uum) fuerit, siue in orando (siue in or. *not in
M*.) siue in legendo, siue in operando.

### XXXII. *Be Lencgtenes gehealdsumnysse.*

Ðeah ælcere tide cristenra manna lif scyle [p. 65] andfeald beon
28 7 syfre, swiðost swaþeah æwfæstum modum gedafenað, þæt hi
Lenctendagum forhæfendlicust libbon, 7 geornfullum þeowdome
hy sylfe Gode geþeodon.  For þi þonne we beodað þæt on þam
feowertigum dagum ær Eastron mid alre syfernysse modes (7)
32 lichaman ure preosthyredas hi sylfe gehealdon.   J an metes þigene
7 drinces habbon swa micle forhæfednysse swa him þonne God
geunne.  J ælce dæge butan Sunnandæge fram Lenctenes anginne
oð Eastron æfter æfensange etan on beoderne, 7 fram þam metton
36 7 drincum hi forhæbbon hi (þe) se bisceop 7 se ealdor þonne

<sub>a</sub>
32 -*hyredas*] the upper *a* by the scribe (?), the lower by a diff. hand on an
erasure.—*an*] :n (an *a* erased).

gesetton. ⁊ elles nahwer ne an þære ceastre, ne an þam mynstrum, ne on nanum stowum, ne furðon on heora agenum husum þis[sum] feowertigum dagum ne gereordigen hi, butan hwa for hwilcere nytwyrðnysse swa feor beo þæt he þam gedafenlicum tidum [to] 4 broðra gereorde cuman ne mage. ⁊ on rædinge beon preostas abysgode fram ærnemergen oð undern eal þis feowertig daga, butan þam Sunnandagum, 7 ne cumon hi butan claustres durum, buton hwilc neod beo, 7 se bisceop 7 se ealdor þæt lyfon, þæt hi 8 gefyllon, þæt hi don sceolon. ⁊ æfter underntide hæbbon heora capitul, 7 æfter þam wyrce on [þam] þæt him gedafenlic sy, oððe on gebedum oððe on rædinge oððe on weorce.

XXXIII. *De temporibus in quibus semel* [p. 66] *aut bis in die* 12 *clericis reficiendum est.*

A Pascha autem usque ad Pentecosten bis in die canonici reficiant, et carnem manducandi licentiam habeant, nisi penitentes, preter tantum quartam sextamque feriam. A Pentecosten uero 16 usque ad natiuitatem Sancti Iohannis Baptistę similiter bis in die reficiant et a carnę abstineant. A natiuitatę Sancti Iohannis usque ad transitum Sancti Martini, sicut antea bis in die reficiant, quarta et sexta feria a carne abstineant. Ab ipso transitu Sancti 20 Martini usque ad natalem Domini a carne omnes abstineant, et usque ad nonam ieiunent, et omnibus his diebus in refectorio reficiant. Et post natalem Domini usque in caput Quadragesimę secunda et quarta et sexta feria in refectorio ad nonam reficiant. 24 Reliquis his diebus duabus uicibus in refectorio reficiant. A carne uero quarta et sexta feria his temporibus abstineant. Et si dies festus in diebus his feriis talis uenerit, si permiserit prior, carnem manducent pro infirmitate. 28

XXXIII. *Be tidum on þam preostas sceolon etan æne oððe tuwa.*

Fram Eastron oð Pentecosten tuwa on dæg etan preostas, 7 etan flæsc be leafe, butan þa dædbetendan, buton Wodnesdæge 7 Frige- dæge. Fram Pentecosten oð Sancte Iohannes gebyrdtide, þæs 32 fulwihteres, ealswa eton tuwa on dæg 7 forgan [p. 67] flæsc. Fram Sancte (Iohannes) gebyrdtide oð Sancte Martinus forðsið ealswa

1 (twioc) *an*] ⸱*n* (an *a* erased). 2 *þis.* 4 After *tidū* two letters have quite faded. 6 *þ:s*] an *i* has been erased. 32 After *ioħs* two or three letters erased. 34 *iohannes* wr. by the scribe o. l. In the text *iacobes* was wr. and then erased.

eton tuwa on dæg, 7 Wodnesdæge 7 Frigedæge forgan flæsc. Þonne fram Sancte Martinus mæssan oð midne winter forgan ealle flæsc, 7 fæston to nones, 7 ælc[e] þara daga eton on beo-
4 derne; 7 on þone timan Wodnesdæge 7 Frigedæge forgan flæsc. Gif þonne þam dagum hwilc freolsdæg gescyt, gif se ealdor lifð, hi moton flæsc etan for untrumnysse.

### XXXIIII. *De festiuitatibus sanctorum.*

8 Illud intimare conplacuit ut nos et clerus noster festiuitatibus Domini et Sancte Marię uel duodecim apostolorum, seu et reliquorum sanctorum quorum usus est in ista prouincia annis singulis cęlębrare, in quantum Deus possibilitatem dederit, officium diui-
12 num die noctuque procuremus. Et episcopus, uel qui sub eo est, in Natiuitatę et Epiphania Domini et Pascha et clausum (*M.* clauso) Pasche et Ascensione Domini et Pentecosten et festiuitate (*M.* -tatibus) sanctorum prouincię suę, in domo sua ad ipsos cleros
16 refectionem faciat, si presens est, et si absens est his diebus, tunc in refectorio habeant refectionem sufficienter, sicut superius scriptum est. Et postquam de refectorio exierint, in caminata bibent duabus uicibus aut tribus, qualiter consolatio sit, et ebrietas non dominetur.
20 Aliis uero diebus festis, sicut mos est ęcclesię, iuxta quod melius prelati possunt, clericis [p. 68] suis cibum potumque ministrent. Et illud interea caueant prelati, ne id quod dare debent, aut possunt, qualibet dissimulatione, aut tenacitate, subditis subtrahant,
24 ne paupertatis occasione conpulsi, per diuersa uagari ac se turpibus inplicari negotiis cogantur, relictoque aecclesiastico officio, incipient indisciplinate uiuere et propriis uoluptatibus deseruire; et prelati qui eis necessaria largiendo a Domino remunerari poterant, districtę
28 et seuere iudicentur.

### XXXIIII. *Be haligra freolse.*

Ðæt eac us lycað þæt we gecyðon þæt we 7 ure preostas on þam drihtenlican freolsum 7 Sancta Marian 7 þæra twelf apostola
32 7 þæra þe innan scyre gewuna is to healdenne ælce geare beon geornlice to þære nihte 7 to þam dæge on þam godcundan þeowdome abisgode, swa us þonne God mihte sylle. ꝫ se bisceop oððe se ealdor sceal habban þa preostas ealle on his agenum bo[l]de þas
36 dagas, þæt is Cristes gebyrdtid, 7 Twylftan dæg, 7 Easterdæg,

3 *ælc.*    34 *mihtę.*    35 *bode.*

⁊ se forma Sunnandæg ofer Eastrun, ⁊ Drihtnes upstige, ⁊ Pentecosten, ⁊ þæra Sancta mæssedagas þe beoð innan scire, ⁊ do him þar blisse, gif he on neaweste beo; gif he on neaweste ne beo, wite he þæt hi habban innan heora beoderne þæt fulle, ealswa we beforan writon. ⁊ siððan hi of beoderne gan, [p. 69] drincan innan heora fyrhuse tuwa oððe þriwa, locahu þonne seo glædnys beo, huru þæt þær druncen ne rixie. Oðrum freolsdagum don þa ealdras be mynstres gewunan heora underþeoddan preostum [on] mete ⁊ on drince swa hi betst magon. ⁊ warnian onmang þam þa ealdras, þæt hi ne for dylmengon ne ne for uncyston þa þing þe hi syllan sceolon oððe magon heora underþeoddum, þe læs hi neadþearf[e] intinga nyde þæt hi widdor worien, ⁊ hi sylfe on frucodlicum þingum abysgion, ⁊ forlæton heora cyrclicon þenunga, ⁊ beginnon butan lare libban, ⁊ heora agenum lustum þeowian; ⁊ þonne þa ealdras þe æt Gode sceolon mede niman, gif (hi) þa neadþearfan þing rihtlice heora underþeoddan ne dydan, þurh þa gymeleaste moton beon styrnlice ⁊ strange fordemed.

XXXV. *Ut non aliquis presumat alterum cedere aut excommunicare.*

Vetetur in hoc ordine canonico omnis presumptionis occasio, id est, ut nulli liceat quemquam fratrem suum excommunicare aut cedere, quamuis aliquis sua presumptione ipsum ad hoc irritet; non est suum aut (aut *not in M.*) uindicare aut in uerbis aut in factis, sed ad priorem ueniat, et ille secundum ordinem ipsam causam definiat. Et qui hoc facere presumpserit, ab episcopo uel ab eo qui sub eo est, iudicetur.

XXXV. *Be þam þæt nan ne gedyrstlæce oðerne to beatanne ne to amansumigenne.*

[p. 70] Sy on ælcre preostgesamnunge ælc þrystnes forboden, þæt is þæt nan ne durre nanne his broðra amansumian oððe beatan, þeah hwa þristlice oðerne to þæm gegremie, for þam ne gedafenað him his teonan to wrecene, ne an worde ne an worce, ac cume to þam ealdre, ⁊ he þonne þa sace endebyrdlice gesibbie. ⁊ gif hwa of þisum do þristlice, sy he fram þam bisceope ⁊ fram þam ealdre þe under him is, þread.

---

6 *glædnys*] the MS has *gesetnis* and over it the scribe has wr. *l glædnys*.
11 *neadþearf* | *intinga.*   29 *Ðy on ælcre preostgesamnunge is ælc.*

XXXVI. *Ut in congregatione canonicorum nulli liceat alterum defendere.*

Omnibus modis cauendum est ut pro nulla occasione alter pre-
4 sumat alium defendere, nec quasi parentelę obtentu, ut (*M.* aut) aliqua amicitia aut familiaritate, id est (est *not in M.*) a canonicis presumatur, quia grauis occasio scandalorum in congregatione ex hac causa oriri solet. Quod si quis transgressus fuerit, a priore acrius
8 coherceatur, ut ceteri timorem habeant.

XXXVI. *Be þam þæt on preosthyrede nan ne geþristlœce oðerne mid wo to wergenne.*

Ælcum gemete warnie ma þæt nan on preosthirede þurh nan
12 antimber ne gedyrstlæce oðerne wergean, ne þurh mægsibbe, ne þurh nane freondrædene, ne þurh geþoftscipe, for þam þurh þæt þing cymð micel æswicung on geferrædene. Gif þonne hwa þis ofergægð, sy he teartlice þread fram his ealdre, þæt ealle þa oðre
16 him ondræden.

XXXVII. *De zelo bono quem debent serui* [p. 71] *Dei habere inuicem.*

Sicut est zelus amaritudinis qui malum separat (*M.*S. est z. amari-
20 tudinis malus, qui sep.) a Deo et deducit ad infernum, ita est zęlus bonus, qui separat a uitiis et deducit ad Deum et ad uitam ęternam. Hunc ergo zelum feruentissimo amore exherceant serui Dei, id est, ut honore se preueniant inuicem, et infirmitates suas siue corporum
24 siue morum patientissime tollerent. Et si qua uitia reperta fuerint, reprimenda sunt, et castigatio adhibenda est, cum his a quibus hoc commissum est, ut ait apostolus, existant qualiter uitia si orta fuerint, possunt destruere, et ad meliorem statum unumquemque
28 prouocare, quia scriptum est, 'Qui diligitis Dominum, odite malum. Nam qui diligit iniquitatem, odit animam suam.' Nam ille animam suam et (et *not in M.*) bene diligit qui se custodit, et alios ad exemplum bone conuersationis, et uerbis et operibus, trahit.

32 XXXVII. *Be þam godan æfeste þe Godes þeowas him betwenan sceolon habban.*

Ealswa biter æfest is, þe ascyrað fram Gode 7 gelæt to helle, ealswa is god æfest, þe ascyrað fram leahtrum 7 gelædt to Gode
36 7 to þan ecean life. Þisne æfest sceolon Godes þeowas weallendre

lufe healdan, þæt is þæt heora ælc oðerne betweonan him
wurðion, 7 heora untrumnyssa ge sawla ge lichom[en]a betweonan
him geþyldelice forberon. 7 gif hwilce leahtras beon fundene,
[p. 72] ofþriccan þa, 7 don steore þam þe þa gefremedon, ealswa 4
se apostol cwæð, 7 beon swilce þæt swa raðe swa þa leahtras
upp asp(r)ingon, þæt hi þa toweorpen, 7 to þære selran drohtnunge
ælcne tihton, for þan hit is awriten, 'Ge þe Drihten lufiað,
ascuniað yfel. Witodlice se þe lufað unriht, se asceonað his sawle.' 8
Soðlice se lufað his sawle wel, se þe hine sylfne gehylt, 7 oðre to
bisne godre drohtnunge mid wordum 7 weorcum tihð.

### XXXVIII. *De infirmis canonicis.*

Si aliquis ex clero infirmatur, episcopus, uel qui sub eo est, 12
habeat maximam curam de illo, et caueat ne neglegatur infirmus,
sed sicut reuera Christo, ita ei seruiatur. Quibus infirmis sint
mansiones deputate, rationabiliter disposite, condigne, apte, ubi
esse possint; et sit unus ex clero deputatus timens Deum, qui 16
circa infirmum maximam curam gerat de omnibus necessitatibus
eius; et habeat solacium, si opus est, iuxta quod constituerit prior;
et sciat, si bene ministrauerit, gradum bonum sibi a Deo adquirit
(*M.* acquiri). Sed et ipse infirmus consideret in honore Dei sibi 20
seruiri, et non superfluitate sua contristet seruientem sibi. Et hoc
interdicendum non est (*M.* indicendum est) quod infirmo licet
omni hora cibum et potum sumere, quando desiderauerit, uel
possit, si oportune non possit. 24

### XXXVIII. *Be seocum preostum.*

Gif ænig preost gesiclod beo, se bisceop 7 se [p. 73] ealder
habban his micle gymene, 7 warnion þæt se seoca forgimed ne beo,
ac swa georne swylce sylfan Criste hyre man him. 7 beon þam 28
seocan wununga fundene gesceadwislice 7 endebyrdlice 7 wurð-
lice 7 þæslice, þær hi beon magon; 7 si an preost þærto gesett þe
Godes ege hæbbe, þe micle gymene hæbbe ymb þone seocan 7 ymbe
ealle his neoda; 7 finde man him fylst, 7 frofor, locahu se ealdor 32
dihte; 7 wite he, gif he wel þenað, he begyt gode mede æt Gode.
Wite eac se seoca þæt him man for Godes arwurðnysse þeowað,
7 ne gedrefe he mid his oferflowennysse þone þe him hyrsumað.
7 nel(l)e we na forbeodan þæt se seoca on ælcne sæl æt 7 wæt þicge, 36

2 *lichoma.*  5 *leahtres*] the second *e* partially erased.

þonne hine lyste oðða he mæge, þonne he gedafenlicum tidum ne mæg.

**XXXVIIII.** *De uestiamentis* (*M. uestimentis*) *et calciamentis clericorum.*

Illa dimidia pars cleri qui seniores fuerint, annis singulis accipiant cappas nouas et uestes laneas nouas; et ueteres, quas preterito anno acceperunt, semper reddant, dum accipiunt nouas. Et alia pars dimidia cleri illas cappas et ueteres uestes quas illi [*M.* illis] seniores sui singulis annis reddunt, accipiat. Et illi seniores suas cappas et uestes quas reddere debent, non commutent. Et unusquisque cleri senioris annis singulis tres camsiles accipiat, et unusquisque cleri iunioris annis singulis duas camsiles accipiat. Calciamenta uero omnis clerus annis [p. 74] singulis pelles bucinas, et solas, paria quattuor accipiat. Et uestimenta in transitu sancti Martini, et camsiles in Pascha, et calciamenta in Kalendis Septembris habeant.

**XXXIX.** *Be preosta gyrlan 7 heora gescy.*

Se healfa dæl þæra preosta þe yldran beon nimon ælce geare niwe cæppan 7 wyllene reaf niwe; 7 þa ealdan reaf þe hi þæs ærran geares namon, agifon hi æfre þonne hi niwe nimon. ꝫ se healfa dæl þære geferrædene þe gingra bið nime þa ealdan cæppan 7 þa reaf þe þa yldran þonne alætað. ꝫ witon þa yldran þæt hi na ne behwyrfon þa reaf þe hi agifan sceolon. ꝫ ælc on þam yldran heape nime ælce geare þry oferslipas, 7 ælc þæra þe gingran sin nimon twegen. ꝫ ælce geare to preosta gescy finde man biccene heorðan, 7 feower gemacan sceona finde man ælcum. ꝫ nimon heora werreaf to *Sancte Martinus* mæssan, 7 oferslipas to Eastron, 7 heora gescy on þam monðe Nouembre.

**XL.** *De elemosinis accipiendis.*

Si aliquis uni sacerdoti promissa (*M.* pro missa) sua uel pro confessione, aut clerico pro psalmis et ymnis, seu pro se ipso uel pro quolibet caro suo, aut uiuente aut mortuo, aliquid in elemosinam dare uoluerit, hoc sacerdos uel clericus a tribuente accipiat, et exinde quod uoluerit faciat. Si autem a tribuente ad omnes sacerdotes aliquid in elemosinam datum fuerit, hanc elemosinam

---

17 *gescy* very faded, but can be made out.

communem habeant, et [p. 75] psalmodia (*M.* -diam) uel missas misericorditer pro illo faciant.

### XL. *Be ælmessena næme.*

Gif hwa anon mæssepreoste his behat for his andetnysse behæt, oððe gif hwa hwylcum oðres hades preoste hwilc þing for his sealmsancge 7 for his gebedrædene behæt, for hine sylfne oððe for hwilc[ne] his freonda, cucera oððe deadra, nyme þa ælmessan se mæssepreost oððe se cleric þe him man sylle, 7 ateo swa he wylle. 8 Gif hwa þonne hwæt eallum preostum to gemænre ælmessan sylle, hæbbon þæt ealle gemænlice 7 leanion þæt mid mæssan 7 mid sealmsangum mildelice þam þe hit him doð.

### XLI. *De mensura a sacerdotibus in eleemosyna accipienda.*

Nimis graue eis esse existimamus, si tam ingentium onera peccantium solis illis sacerdotibus contigerit portare, quia facilius Dei misericordiam plures inpetrant quam unus, quia unusquisque de propria conscientia sua debet metuere, quanto magis de alienis peccatis supra uires debet sibi non sarcinam peccatorum cumulare.

### XLI. *Be þam gemete þe mæssepreostas ælmessan niman magan.*

We taliað þæt hit hefitime sy þæt þa hefian byrþena micelra synna mæssepreostas ane aberan, for þam eað magon manege Godes [p. 76] mildheortnysse begytan þonne an, for þan ælc hæfð on his agenum ingeþance þæt he him sylfum adræde, hu micle ma, gif hwa mid ælfremedum synnum ofer gemet wile hine sylfne gesyman 7 gehef(g)ian.

### XLII. *De cura quam in populo sibi commissa (M. -misso) habere clerici debent.*

Cauendum nobis est ne in periculum pro nostra neglegentia, ut ita dixerim, absque baptismo et confirmatione et confessione et predicatione in quadam securitate positus incurrat noster populus. Unde constituimus ut bis in mense per totum annum, de quinto decimo die in quinto decimo, uerbum salutis ei predicetur, qualiter ad uitam aeternam, Deo auxiliante, perueniat. Et si omnibus festis et Dominicis diebus assiduata (*M.* assidua) fuerit predicatio, utilior est; et iuxta quod intelligere uulgus possit, ita predicandum est.

7 *hwilc:*] one letter erased.

XLII. *Be þære gymene þe preostas sculon habban in þam folce þe him betæht bið.*

Miclum is us to warnienne seo frecednys for ure gimeleaste, swilce ic swa secge, þæt ure folc ne wurðe losod þurh nane orsorhnysse, butan fulwihte 7 bisceopunge 7 predicunge 7 andytnysse. For þi þonne we gesettað þæt tuwa on monþe, þæt is ymbe feowertine niht, man æfre þam folce bodige mid larspelle, hu hi þurh Godes fultum magon to þam ecean life becuman. 7 þeah hit man ælce Sunnandæge singallice 7 freolsdæ[p. 77]ge dyde, þæt wære betere. 7 do ma þa larbodunge be þam þe þæt folc understandan mage.

XLIII. *Cui committi debeant stipendia pauperum.*

Euangelicis atque apostolicis instruimur documentis in colligendis hospitibus; et ideo ante omnia operam dare debere ut merito de nobis a Domino dicatur, 'Hospes fui, et collegistis me.' Proinde oportet ut prelati ęcclesię, precedentium patrum exempla sectantes, aliquod preparent receptaculum ubi pauperes colligantur, et de rebus ęclesię tantum ibidem deputent, unde sumptus necessarios iuxta possibilitatem rerum habere ualeant, exceptis decimis quę de ęcclesię uillis ibidem conferuntur. Sed et canonici tam de frugibus quam etiam de omnibus elemosinarum oblationibus in usus pauperum decimas libentissime ad ipsum conferant hospitale. Et boni testimonii frater constituatur, qui hospites et peregrinos mendicantes, utpote Christum in illis, suscipiat, eisque necessaria libenter pro uiribus administret. Qui etiam ea que in usus pauperum cedere debent, nequaquam in suos usus reflectat, ne cum Iuda loculos Domini furante sententiam dampnationis excipiat. Et prelati cauere debent ne curam pauperum parui pendant. Et clerici, si aliis temporibus nequeunt, saltim quadragessimi (*M.* -simali) tempore, pedes pauperum in conpetenti lauare debent [p. 78] hospitali, iuxta illud euangelium (*M.* -gelicum), 'Si ego Dominus et magister laui uobis pedes, quanto magis debetis alter alterius lauare pedes,' et cetera. Quapropter expedit ut in conpetenti loco hospitale sit pauperum, ubi perfacilis ad illud ueniendi conuentus fieri possit fratrum. Quod si is cui hospitale commissum est curam pauperum neglexerit, eorumque res in suos usus retorserit, quantum (*M.* quanquam) diuina ultione dignus sit, seuerius quam cęteri delinquentes a prepositis iudicandus est, et a ministerio remouendus; nec immerito, quippe qui et pretia peccatorum et alimenta pauperum et thesaurum cęlo recondendum suis aptauit usibus.

XLIII. *Be þam hwilcum hwæðer man scyle betæcan þæra ælmesmanna bilyfne.*

Godspellicum 7 apostolicon larum we syn gemingode þæt we cumliðe beon; 7 þi we sceolon ætforan oðron þingon hogian þæt be urum gewyrhtum ure Drihten be us cweðe, 'Ic wæs cuma 7 ge underfengon me.' For þi þonne hit gerist þæt þæs mynstres 8 ealdras gyman haligra fædera bysna, 7 gegearcion sum hus þæt þa þearfan inne magon beon gesomnode, 7 of mynstres þingon swa micel þærto don þæt hi magon þær þearfe habban, be þam þe þæs mynstres mihta beon; 7 butan þam do ma þæra tuna 12 teoðunga þæder þe to mynstre hyrað. And ælc preost of his wæstmum 7 of þam cyrclican ælmessan to þæra þearfena neode [p. 79] þæder lustlice his teoðunga do. 7 sette ma þærto getrywne broðor þe þa cuman 7 þa wædlan 7 þa ælþeodigan mid swylcre 16 arwurðnesse underfo, swylce Crist sylfa þær come, 7 he him hyra neode be his mihtum do, 7 georne þenige. And warnie se broðor þæt he na þæra þearfena þing to his agenre neode ne do, þe læs he þolie þæt ylce forwyrd þæt Iudas dyde, þe stæl þæt feoh þæt he Criste healdan 20 getrywlice sceolde. 7 warnian þa ealdras þæt hi ne forgyman þæra ælmesmanna þearfe. 7 þa preostas, gif hi ne magon an oðerne timan, huru hi sceolon on Lengtendagum an gedreogum huse ælmesmanna fet þwean, ealswa se godspellica cwyde cwyð, 24 'Gif ic, þe eom eower hlaford 7 lareow, þwoh eowre fet, swa micle ma eower ælc sceal oðres fet þwean.' For þi þonne hit gedafnað þæt þæra cumena hus beo an gedreohre stowe, þær ma eaðe mage to cuman. Gif þonne se broðor þe cumena hus betæht bið, 28 forgimeleasað þæra ælmesmanna þearfe, 7 gif he heora þing to his agenre neode deþ, wrecon þa ealdras hit on him swa micle teartlicor swa he maran wites is wyrðe þonne oðre gyltende, 7 don hine of þære wycan; 7 be gewyrhton, þa he to his woroldneode dyde 32 þæra synna alysinge 7 þæra þearfene fodan 7 þone [p. 80] goldhord þe he sceolde on heofenan gelogian.

XLIIII. *De prepositis.*

Quamuis omnes qui presunt prepositi rite dicantur, usus tamen 36 obtinuit eos uocari prepositos qui quandam prioratus curam sub

6 *sceololon.* 8 *hit] his* MS. 24 *godspellican.* 33 *þearfene.* So MS.

aliis prelatis gerunt. Hi tamen qui iuxta morem hunc prepositi uocantur, tales et tam strennui constituendi sunt, qui et uitę probabiles (*M.* -lis) sint, et ea quę sibi iniuncta sint (*M.* sunt),
4 fideliter humiliterque expleant; et pro eo quod aliis prelati sunt, nequaquam parui pendent canonica instituta, sed quando (*M.* quanto) plus implicantur in fratrum curis, tanto magis studeant cęlestibus obtemperare monitis. Debent igitur cuncte congrega-
8 tioni utiles esse, et de ministerio sibi commisso fideliter prodesse. Ea uero que fratribus dare debeut, cum caritate tempore oportuno incunctanter prebeant, quatenus a Domino de fideli administratione gradum bonum sibi adquirant.

12 XLIIII. *Be þam prauostum.*

Ðeah ealle þa þe ealdordom habbað on geferrædene rihtlice magon prauostas beon cigede, swa þeah ure gewuna hylt þæt we þa synderlice prauost hatað þe under oðrum ealdrum þære prauost-
16 scyre synderlice gymað. Þa þonne þe æfter þam gewunan beoð prauostas genemde, sceolan cafe 7 swilce beon gecorene þæt hi afandodes lifes 7 drohtnunge [p. 81] beon, 7 þæt hi þa þing þe him bebodene beoð, getrywlice 7 eaðmodlice geillon; 7 na þurh
20 þæt þæt hi oðrum beoð foresette, ne forgymon hig þa preostlican gesetednyssa, ac swa hig swiðor beon on heora broðra neode abisgode, swa hi geornlicor hyrsumion þam heofenlican bebodum. Hi sceolon beon nytwyrðe ealre geferrædene 7 fremfulle of þære
24 note þe him betæht bið. ¬ þa þing þe (hi) broðron don sceolon, don hi mid lufe gedafenlicum tidum butan (ge)wande, þæt hi æt Drihtene þur[h] hyra getrywan hyrsumnysse godne wurðmynt begytan.

28 XLV. *Quales uicem prelatorum in congregatione fungi debeant.*

Oportet ęclesię prelatos ut de congregatione sibi commissa tales eligant boni testimonii fratres in quibus onera regiminis secure possint partiri. Quibus etiam talem conferant dignitatem, ut uice
32 illorum fungentes, et inobędientes canonica censura corripere, et obędientes hortando ad meliora ualeant prouocare. Non constituendi sunt personaliter, aut eo ordine quo in collegio fratrum admissi sunt, sed secundum uitę meritum et spiritalium donorum
36 prerogatiuum (*M.* -am). Qui et in congregatione assidui sint, et

15 *prauo�født̨scyre.*   16 *beoð*] *beon* MS.   26 *þur.*

fratrum curam peruigili studio gerant. Et sicut alios precedunt magisterio, ita nimirum innocentis uite informent [p. 82] exemplo, ut, iuxta apostolum, exemplo sint ceteris in uerbo, eruditiores (erud- *not in M.*) in conuersatione, in caritate, in fide, in castitate, 4 et cetera. Qui etiam, si prioratus sui causa intumescere ceperint, et cure fratrum nichil perpenderint, et si crebro admodum, incorrigibiles extiterint, a ministerio propellantur, aliique in loco illorum qui strenue peragere possint constituantur. 8

XLV. *Be þam þe wrixl ealdordomes on geferrædene habban sceolon.*

Hit gedafnað þæt mynstres ealdras of þære geferrædene þe him betæht byð, swa godes hlisan broðor geceosan on þam hi mægen 12 þa byrðena hyra recedomes todælan. ⁊ sillon þam eac swylcne wurðmynt, þæt hi heora gemete ge þa ungehyrsuman æfter preostlicre steore þreagon, ge eac þa gehyrsuman 7 þa godan tihton to þam beteran. Ne sint hi to settenne þærto be hades wurðmynte 16 ne be þære endebyrdnysse þe hig to geferrædene comon, ac æfter heora lifes geearnunge, 7 æfter sinderlicum 7 gastlicum gyfum. ⁊ beon hi singallice an geferrædene, 7 þurhwacole gimene þæra gebroðra habbon. ⁊ ealswa hi on lareowdome forestæppað oðre, 20 swa don hi eac mid (ge)bisnunge unsceaðþiges lifes þæt, ealswa se apostol cwæð, hi beon to bysne oðrum, ge an wordlare, ge an drohtnunge, [p. 83] ge an soðre lufe, ge an geleaffulnysse, ge an clænnysse, ge an eallum godum weorcum. Gif þonne hi for heora 24 ealdordome aginnon to modgenne, 7 forgimeleasian þæra broðra gymenne, 7 gif him man styre gelome 7 hi geswican nellon, þonne aweorpe ma hī of heora note, 7 sette þa þærto þe caflice þone wurðmynt gefyllan magon. 28

XLVI. *De pueris nutriendis custodiendisque.*

Sollerter rectores ecclesiarum uigilare oportet ut pueri et adolescentes qui in congregatione sibi commissa nutriuntur uel erudiuntur, ita iugibus ęcclesiasticis disciplinis constringantur, 32 ut eorum lasciua etas et ad peccandum ualde procliua nullum possit reperire locum quo in peccati facinus corruat. Quapropter in huiuscemodi custodiendis et spiritaliter erudiendis talis a prelatis constituendus est uite probabilis frater qui eorum curam 36

22 beoð.

summa gerat industria, eosque ita artissime constringat, qualiter,
ecclesiasticis doctrinis imbuti et armis spiritalibus induti, et ecclesie
utilitatibus decenter parere ad (M. et ad) gradus ecclesiasticos
4 quandoque digne possint promoueri. Prona est enim omnis etas
.ab adolescentia in malum. Quisquis autem in clero puer est aut
adolescentes (*M*.Q. a. in clero puberes aut ad-) existunt, omnes in uno
conclaui atrii commorentur, ut lubrice etatis annos non in luxuria,
8 sed in disciplinis [p. 84] ecclesiasticis agant, deputati proba-
tissimo seniori, quem et magistrum doctrine et testem uitę habeant,
et cetera. His itaque premissis, oportet ut probatissimo seniori
pueri ad custodiendum, licet ab alio erudiantur, deputentur.
12 Frater uero cui hec cura committitur, si eorum curam parui
penderit, et aliud quod non oportet docuerit, aut eis aliquam
cuiuslibet lesionis maculam ingesserit, seuerissime correptus ab
officio amoueatur, et fratri alii hi commit[t]antur, qui eos et
16 innocentis uite exemplis reformet (*M*. informet), et ad opus bonum
peragendum excitet.

### XLVI. *Be cildra fostre 7 heordrædene.*

Geornlice þæs mynstres ealdrum gedafenað to gymenne þæt þa
20 cild 7 þa geonglingas þe man fet 7 lærð on geferrædene, beon swa
fæstlice behealdene mid mynsterlicum larum 7 steorum þæt seo
plegole geogoð, þe byð hræd to singienne, ne mage nane stowe
aredian þe heo an mage an ænig(n)e gylt befeallan. For þi þonne
24 to heora heordrædene 7 to gastlicre lare sceal beon swylc ealdor
to gesett, þe beo afandodes lifes broðor, þe heora gymene healicre
geornfulnysse begange, 7 hi swā stearclice healde, þæt hig mægen
beon an cyrclicum larum gelærede 7 mid gastlicum wæpnum
28 gescrydde, 7 mægen on cyrcan nytwy[r]ðnyssum arwurðlice
hyrsumian, [p. 85] þæt hig æt sumum cyrre beon wyrðe to þam
miclan hadum to nimene. Soðlice ælc geogoð fram cildhade bið
hræd 7 for(ð)loton to yfle, gif þær steor ne bið. Swa hwilc swa an
32 preosthirede cild bið oððe geonglingas, wunion ealle (þa) an anre
fæstre wununge, þæt þa gear þæs slyporan geogoðhades ne beon
adrogene an ydelum gælsan, ac an circlicum larum; 7 beon betæhte
afandodon ealdre, se beo heora leornunge lareow 7 gewita hira
36 lifes drohtnunge. Amang þam hit gedafenað þæt man betæce

---

5 Cp. Conc. Aquisg. c. 135 *Si quis in clero puer est aut ad. ex.* 18 The heading faded in parts. 22 mage] the *m* is nearly covered by a blot.
30 *hadum*] *hade* MS. 31 *for*] *ð* in diff. hand. 32 *an an* | *rede fæstre*.

acunnedon ealdre þa cildro to healdenne, þeah hi æt oðrum leornian. Gif þonne se broðor þe þeos gimen betæht bið, heora gimene forgimeleasað, oððe elles hwæt lærð þæs þe ne gedafnað, oððe wom ænigre dare (heom) on gebrincð, þreage hine ma fæstlice 4 7 do hine of þære note, 7 betæce hi oðron breþer þe him gebysnige lifes unscæðþignysse, 7 to fremminge awecce godes worces.

XLVII. *Ut omnes canonici ad completorium ueniant.*

Expletis religiosissimo obsequio horis competentibus diurnis 8 officiis ab omnibus canonicis, dato signo, deuotissime ad completorium ueniendum est, incipiente nocte. Quo completo, oportet ut non epulis et potationibus, uanisque inseruiant loquelis, sed his penitus postpositis, humiliter [p. 86] et honeste dormitorium 12 petant. Et nequaquam duo in uno lecto, sed singuli in singulis lectis quiescant. Lucerna quoque in eodem dormitorio noctis tempore iugiter ardeat. Nichil denique inhonestum aut indecens in dormitorio geratur ab aliquo; nec quispiam aliquem inquietare 16 presumat, nec ad uerba inutilia et otiosa prorumpere cogat. Huius capituli contemptor specialiter a prelatis et magistris seuerissime corripiatur.

XLVII. *Be þam þæt ealle preostas to nihtsange cumon.* 2c

Ðonne ealle þa dæglican tida þæs æwfestan þeowdomes be dæglicum tidsangum preostas gefyllede habbon, 7 ma to nihtsange cnylle, þonne gan hi eaðmodlice to on þære nihte angynne. ꝫ siððan nihtsang geendod beo, ne began hig siððan heora wiste, 24 ne heora drinc, ne idele spræca, ac forlæton þæt, 7 arwurðlice 7 eaðmodlice gan to hyra slæpyrne. ꝫ na ne slapon twegeu on anon bedde, ac ælc synderlice reste. ꝫ byrne þær leoht inne ealle niht. ꝫ ne do heora nan nan þing ungedafenlices innan heora 28 slæpyrne; ne nan ne (ge)þristlæce oðerne to wæccanne, ne ne genyde þæt he unnyt(te) oððe idele word sprece. Se þe þonne þisne cwyde forhogie, sy he synderlice 7 teartlice þread fram þam ealdron 7 lareowum. 32

XLVIII. *De Cantoribus.*

[p. 87] Studendum summopere cantoribus est, ne donum sibi diuinitus collatum uitiis fedent, sed potius illud humilitate et castitate et sobrietate et ceteris sanctarum uirtutum ornamentis 36

1 *acunnedon.* 4 *heō* o. l. in a diff. hand.

exornent, quorum melodia animos populi circumstantis ad memo-
riam amoremque cęlestium, non solum sublimitate uerborum, sed
etiam suauitate sonorum que dicantur erigat. Cantorem, sicut
4 traditum est a sanctis patribus, et uoce et arte preclarum illustrem-
que esse oportet, ita ut oblectamenta (*MS. has* -ta, *alt. f.* -to, *M.* -to)
dulcedinis animas incitent audientium, et cetera. Cantores itaque
non propter donum sibi collatum se ceteris superbiendo preferant,
8 sed humiliter socios exhibeant. Et prouidendum est illis quando
temperate, quando sublime (*M.* submisse) diuinum agatur officium,
scilicet ut secundum numerum clericorum et officii qualitatem.
et temporis prolixitatem cantum protendant, et uoces moderentur
12 ceterorum. Sonum etiam uocalium litterarum bene atque ornate
perstrepant (*M.* proferant). Hi uero qui huius artis minus capaces
sunt, donec erudiantur melius, conuenit ut sileant, quam cantare
uolendo quod nesciunt, aliorum uoces dissonare compellant. Psalmi
16 namque in eclesia non cursim, aut in excelsis atque inordinatis,
seu intemperatis uocibus, sed plane ac lucide cum conpunctione
cordis recitentur, ut et recitantium mens illorum dulcedine pascha-
tur, [p. 88] et audientium aures illorum pronuntiatione de-
20 mulceantur, quoniam quamuis cantilene sonus in aliis officiis excelsa
soleat fieri uoce, in recitandis tamen psalmis huiuscemodi uitanda
est uox. Constituantur interea seniores fratres, probabilioris
scilicet uitę, qui tempore statuto uicissim cum cantorum scola sint,
24 ne hi qui discere debent, aut otiosi (*M.* otio) uacent, aut inanibus et
superuacuis fabulis instent. Si uero cantores superbi extiterint, et
artem quam diuinitus adiuti didicerint, aliis insinuare rennuerint,
grauiter ac seuere iudicentur, ut, emendati atque correcti, talentum
28 sibi a Deo collatum aliis erogare procurent.

XLVIII. *Be þam sangerum.*

Hyt is to gymene miclum worce þam sangerum, þæt hi mid
leahtrum ne awlæton hira godcundan gyfe, ac ma hig geglengan
32 mid eaðmodnysse 7 mid clænnysse 7 mid syfernysse 7 mid haligra
mægna frætwung[e], þæt se dream þæs folces mod þe hine gehyrð,
anbryrde to gemynde 7 to lufe þæra heofenlicra myrhða, na þæt an
mid hludnysse þæra worda, ac ma mid wynsumnysse þæra dreama.
36 Hit gedafnað, swa us halige fæderas tæhton, þæt þa sangeras beon

30 After *þā* a letter erased.     33 *frætwung.*     35 *þære w.*
36 *fæderas*] *s* added in a diff. hand.

wynsume an stefne 7 an cræfte, þæt seo wynsume swetnys getihte
þa mod þe hi gehyraÐ up to engla dreamum. Þa sangeras þonne
þurh þa gife þe him [p. 89] is gegyfen, ne læton ætforan oÐrum hi
sylfe þurh modignysse, ac beon eaÐmodlice geferan hyra geferena. 4
And him is to warnienne þonne hig nyÐor oÐÐe ufor þone god-
cundan sang hebbaÐ, þæt hig be þæra preosta menege 7 be þære
þenunge mæÐe 7 be þæs timan lenge heora sang dragon, þæt heora
ealra stefen geþwærie. Þone sweg eac þara fif clipiendra stafa 8
slean hi wel 7 endebyrdlice. Þa þonne þe þises cræftes cræftican
ne synt, oÐ þæt hi hit bet geleornion, gerislicere byÐ þæt hi
swigion, þonne hi willon singan þæt hi ne cunnon, 7 gemacion
þonne þæt þa oÐre beoÐ ungedryme. Ne sceal ma sealmas an 12
cyrcan ofstlice singan, ne oferhlude, ne unendebyrdlice, ne un-
gemetlicum stefnum, ac openlice 7 beorhte mid heortan anbryrd-
nysse, þæt þara singendra mod beo mid þære swetnysse fedd,
7 þæra hlystendra earan of þam dreame abryrde 7 gegladode; for 16
þam þeah hit an oÐrum þenungum gewuna sy þæt ma hludre
stefne bruce, an þam sealmsange ma æfre sceal þa hludan stefne
forbugan. ꝛ beon amang þam ealde gebroÐro afandodes lifes to
gesette, þe sitton mid þære sceole þonne hi singaÐ, þæt þa þe 20
leornian sceolon ydele ne beon, ne an unnytton spellon abysgode.
Gif þonne þa sangeras modige beon, 7 gif hi þone cræft þe hi þurh
Godes gife ge[p. 90]leornodon oÐrum forwyrnan, þreage hi ma
teartlice, þæt hi, gebete 7 gerihte, þæt pund oÐrum dælan þæt him 24
God befæste rihtlice to dælenne.

XLIX. *Quales ad legendum et cantandum in ecclesia constituendi sunt.*

Tales ad legendum et cantandum in ęclesia constituantur qui 28
non superbe, sed humiliter, debitas Domino laudes persoluant, et
suauitate lectionis ac melodie doctos demulceant, et minus doctos
erudiant; plusque uelint in lectione uel cantu populi edificationem
quam popularem uanissimam adulationem. Qui uero hęc docte 32
peragere nequeunt, erudiantur prius a magistris, et instructi hęc
adimplere studeant ut audientes edificent.

XLIX. *Be þam þe on cyrcan sceolon rædan 7 singan.*

Swilce sceolon beon an cyrcan gesette to rædenne 7 to singenne 36
þe na modelice, ac eadmodlice, gefillon þa godcundan heringa, 7 mid

6 *þære preosta*.     36 *Swilce*] *Hwilce* MS.—*ræd|denne*.

wynsumnysse þære rædinge 7 þæs dreames gegladige þa gelæredan
7 lære þa ungelæredan; 7 wilnion hi swiðor an þære rædinge
7 an þam sange þæs folces getydnysse þonne heora ydelan herunge.
4 Ða þonne þe þis gelyfedlice don ne magon, tyn heora lareowas
hi þæt hi gelærede be[on], 7 þæt hi wurðlice þæt don þæt þa beon
gebette 7 au heora heortan getymbrode þe hit [p. 91] gehyrað.

### L. *Modus correctionis.*

8   Quanquam contemptores canonicarum institutionum episcopali
precipue iudicio plectendi sunt (*M*. sint), iuxta modum culparum,
ut supra retulimus, mensura tamen extendenda est correctionum.
Et hęc omnia iure in prelatorum pendeant (*M*. pendent) iudicio,
12 quod (*M*. quo) discretissime temperanda sunt.   Necesse est enim
ut idem prelati circa delinquentes medici peritissimi imitentur
factum, scilicet ut, adhibita magne discretionis cura, quid cuique
congruat, quidue conueniat, adhibeant, hoc summopere perpendentes
16 ut iuxta quantitatem uulnerum exhibeant fomenta curationum,
quatinus nec alteri dent quod noceat, nec alteri subtrahant quod
iuuat (*M*. iuuet).   Omnis usus (*M*. Omissis) igitur his quorum
ętati delinquenti parcendum non est, sed potius eorum latera, ne
20 indurescant, uirgis assidue tundenda sunt, qualiter erga ceteros
delinquentes iuxta auctoritatem diuinam et sanctorum patrum
exemplum traditionesque, id fieri oporteat, stricte breuiterque
ostendatur.   Si quis frater in congregatione canonica constituatur
24 (*M*. -tutus) horas canonicas frequentare neglexerit, aecclesiamque
non religiose, sed pompatice uel incomposite, intrauerit, et opus
Dei neglegenter exsecutus fuerit, ad collationem uenire distulerit,
obedientiam a magistris sibi [p. 92] iniunctam agere recusauerit,
28 in legendo et cantando uel in ceteris ecclesiasticis disciplinis iuxta
uires studium non exhibuerit, ad mensam, non necessitate, sed
uitio, tarde occurrerit, e claustris sine licentia exierit, sine licentia
uero (*M*. per licentiam) egressus extra constitutum sibi placitum
32 moram fecerit, in plateis ire aut in biuiis residere temptauerit, in
dormitorio aliquid indecens aut inhonestum, uerbis uel actibus,
perpetrauerit, alicubi nisi in dormitorio cum ceteris absque causa
ineuitabili dormire presumserit, fratribus caritatis officio obędienter
36 seruire neglexerit, discordiam, quam scriptura Dei detestatur,
inter fratres seminauerit, et huic institutioni contumax aut super-

5 *be.*

bus aut murmurans extiterit, et cetera huiuscemodi agere temptauerit, hic primo secundum Domini preceptum non solum et secundo ac tertio, quinimmo crebrius admoneatur; et si his ammonitionibus non cesserit, publica obiurgatione corripiatur. Quod 4 si et his renisus fuerit, ceteris sibi alimentis interdictis, pane tantum usque ad dignam satisfactionem utatur et aqua. Si uero nec sic correxerit, separetur a mensa et a societate fratrum, et a choro psallentium remoueatur, et seorsum in locum (*M.* loco) 8 huiuscemodi neglegentibus a prelatis constituto stare cogatur, ut saltim rubore sequestrationis emendetur. Dein si his modis [p. 93] incorrigibilis extiterit, et etas permiserit, ut ait Salomon, 'Stultus uerbis non corrigitur,' congrua ei uerberum adhibeatur castigatio, 12 secundum beati Gregorii sententiam, 'Qui iubentis uerba non audit, uerberibus admoneatur, ut ad bona desideria pęnę trahant, quem premia non inuitant.' Ceterum si talis fuerit, quem aut ętas aut qualitas persone uerberari non siuerit, publica obiurgatione 16 et ieiuniorum continua afflictione et sequestrationis rubore huiusmodi corripiatur, usque dum digna pęnitentię satisfactione ueniam consequatur. Si uero uterque, et qui flagellatur, et quem flagellari ętas aut qualitas persone prohibet, adhuc incorrigibiles extiterint, 20 sit locus intra claustra canonicorum, sicut multis in locis noscitur esse, quo ad tempus retrudantur, et secundum modum culpę castigentur, secundum apostolum, 'Tradite Satane huiusmodi homines in interitum carnis (*M.* traditi S. in int. c.), ut spiritus saluus sit in die 24 Domini.' Quod si etiam tot saluberrimis ammonitionibus et castigationibus necdum paruerint, fiat pro eis ab omni congregatione communis oratio, ut a Domino sanentur postremo. Si prorsus inemendabiles et incorrigibiles apparuerint, ne per plures eorum dira 28 serpant contagia, necesse est ut, a ceterorum societate utpote oues morbidę separati, ante presentiam [p. 94] deducantur episcopi, ut ab eo canonica auctoritate publice dampnentur. Si uero quis in collegio canonicorum criminalem culpam ammiserit, huic nulla est danda 32 dilatio, quin aut sponte pęnitentiam pro admisso crimine gerat, aut si id agere resultauerit, coram episcopo deducatur, ut ab eo publica multetur pęnitentia. Meminisse enim oportet rectores quod columba in diuinis scripturis eclesia apellata est, que non 36 unguibus lacerat, sed alis pie percutit. Unde etiam illis summopere obseruandum est ut, sicut premissum est, iuxta modum culparum et personarum atque ętatum omnino ipsa correctio sit

temperata, ut nec uitium desidie inolescat, nec correctio mansue-
tudinis modum excedat, ne, ut ait beatus Maximus, aut solutior
lenitas conibentiam non prebeat peccanti, aut immoderata seueritas
4 a lapsu non reuocet delinquentem. Sed et hoc illis nichilominus
cauendum est, ne errata delinquentium alicuius rei liuore feriant,
sed potius, ut ait beatus Augustinus, sint criminum persecutores
et hominum liberatores. Oderint uitia, diligant homines. Oderint
8 quod instinctu diaboli ingestum est, diligant quod Dei bonitate
creatum est. Teneant in manu baculum et uirgam: baculum nide-
licet, quo aliorum [p. 95] uirorum inbecillitates spiritaliter susten-
tent, uirgam uero, qua uitia delinquentium zelo rectitudinis feriant.
12 Delinquentibus interea excommunicatis fratribus nequaquam debent
ceteri fratres fauere, aut eos suis adulationibus decipere, aut eorum
errata defendere, sed potius opem ferre ut equitatis censura di-
stricte corrigantur.

16 L. Be þam gemete þære steore.

Ðeah þa forhicgendan þæra preostlicra gesetednyssa beon healice
þæs bisceopes dome to witnienne be þæs gyltes gemete, swa we
bufan ær sædon, swa þeah ma sceal healdan gemet an þære
20 rihtinge. ꝥ ealle þa þing beoð an þæra ealdra dome mid miclum
gesceade to gefadigenne. Soðlice hit is micel neod þæt þa silfan
ealdras don ymbe þa giltendan þam gemete þe góde læcas doð
ymbe gewundode, þæt hi mid miclum gesceade þone læcedom
24 gefadion. ꝥ do heora ælcum þæt he agyte þæt þam þonne geda-
fenian wille, 7 miclum weorce þæs gimen þæt be þæra wunda mæþe
beo seo sweðung þære lacnunge, þe læs hig sumon syllon þæt
derige, 7 eft sumon ætbredon þæt fremian mihte. Ælcum gemete
28 þonne ne sceal arung beon þære gyltendan geogoðe, ac swiðor
[p. 96] ma sceal heora sidan, þæt hi ne heardian, mid gierdon
gelomlice dencgan. ꝥ we ætywað sceortlice hera hu ma oðrum
gyltendum be þære godcundan gesetednysse 7 be haligra fædera
32 bysne stiran sceal. Gif hwylc broðor an preosthyrede bið þe þa
gesettan tida forgymeleasað, oððe into cyrcan unæwfæstlice 7
prutlice oððe unsydelice gæð, 7 Godes þeowdom gymeleaslice deð,
7 to heora æfencollationem ne cymð, 7 gif hwa þa hyrsumnysse

---

28 After *ac swiðor* the scribe has written a second time *seo sweðung þære
lacnunge, þe læs hi sumon syllon ꝥ derige, 7 eft sumon ætbredon ꝥ fremian mihte.
Ælcum gemete* [p. 96] *þoñ ne sceal arung beon þære gyltendan geogoðe, ac swiðor.*

## together with the Latin original. 61

þe his lareowas him bebeodað forsæcð 7 nele be his mihtum
gefillan an rædincge oððe an sange oððe an ænigum cyrclicum
larum, oððe gif hwa to beodferse, na for neode, ac for gymeleaste,
to late cymð, oððe gif hwa butan leafe ut of claustre gæð 7 þær 4
leng bið þonne oð gesettan timan, oððe gif hwa gæð ut on stræte,
oððe gæð sittan æt wega gelætan, oððe gif hwa ænig þing
unþæslices oððe ungerislices an worde oððe an weorce innan
slæperne deð, oððe gif ænig geþristlæce [butan slæperne] to 8
slæpenne butan he neadneode hæbbe, oððe gif hwa forgyme-
leasað mid soðre lufe eadmodlice his broðran to hyrsumienne, oððe
gif hwa þa asceoniendlican wrohte sæwð betwyx gebroðrum, oððe
gif hwa [p. 97] angean þas gesetednyssa oððe oðre swilce rihtge- 12
setednyssa beo toþunden oððe modig oððe murcniende, styre ma
him æfter Godes bebode, na þæt an æne oððe tuwa oððe þriwa, ac
gelome myngie ma hine; 7 gif he þurh þa myngunga ne geswice,
þreage ma hine 7 cide him openlice. Gif he þonne gyt wiðligð 16
þissum forbeode ma him ælce bilyfne butan hlafe 7 wætere, oð
he hit fullice gebete. Gif he þonne gyt be þissum nel(l)e geriht
beon, ascyrige ma hine fram gereorde 7 fram broðra geferrædene
7 fram chore an cyrcan, 7 nyde ma hine þæt he ansundrum wunige 20
an utlicre stowe, þæt he þurh þa sceame beo gebet, locahwær se
ealdor besceawige þæt swilce gymelease broðro ascyrede magon
beon. Gif þonne þissum steorum he nelle þonne gyt geriht beon,
gif ma for ylde mage, þonne do ma swa Salomon cwæð, 'Se stunta 24
ne bið mid wordum gestyred,' ac do ma him þæslice swyngla steore
be þam cwyde þe Sanctus Gregorius cwæð, 'Se þe his ealdres
word forhogie, myngige ma hine mid swinglum, þæt he þurh ege to
þam godan gewilnungum cume, þe þæder þurh meda gelaðod næs.' 28
Gif he þonne swilc beo þæt man for ylde oððe for hades arwurð-
nys[p. 98]se swingan ne mage, þreage ma hine mid openre ceaste
7 mid singalum fæstene geswi[n]cnyssum 7 mid þam tæle þære
broðorlican ascyrunge, þæt he þurh þæt beo gebet, oð he fulle 32
dædbote gedon hæbbe. Gif þonne ægðer ge se þe man swang,
ge se þe man for ylde oððe for sumre wandunge swingan ne mæg,
begen beon ungerihte, sy binnan heora claustre, swa binnan
manegra preosta bið, sum stow funden þe hig man inne beluce 36

8 *butan s. to slæpenne*] *to slæperne* MS.   15 *þurh þurh*.   16 *wiðligð* :: *þissũ*].
the *b, e, a,* in a diff. hand. After *ligð* about two letters erased.   31 *fæstene
gcswicnyssum.* So MS.

swa lange swa þæs gyltes mæð beo, eallswa se apostol cwæð,
'Betæcað sceoccan þus gerade men to heora flæsces lyre, þæt se
gast sy hal on Drihtnes dæg.' Gif hi þonne gyt swa halwendum
4 myngungum 7 þreaungum nellon abugan, þonne gebidde eall seo
geferræden gemænlice for hi, þæt Drihten hi gehæle 7 gecirre.
Gif hig þonne gyt eallunga ungerihte 7 ungecyrrede beon, þe læs
heora gylta attru to manige þurhsmugon, hit is neod þæt hi ma
8 ascirie of þære geferrædene eallswa coðige sceap, 7 læde hi ma to
þæs bisceopes ansyne, þæt he be þam anwealde þe he ofer preostas
hæfð, him deme. Gif hwilc broðor an preosthirede heafodgylt
gefremme, ne beo him nan first læten, þæt he oðer oððe sylfwylles
12 dædbote do, oððe, gif he wyðcwyð, læde ma hine beforan þam
biscope, [p. 99] þæt he þær beo witnod mid openre dædbote. Ðam
mynstres ealdrum gedafnað þæt hi gemunon þæt an halgum ge-
writum cyrce, þæt is cristenra manna gesamnung, is culfre haten,
16 seo na mid clawum ne mid fotum spyrnð ne ne clyfrað, ac leohtlice
mid feþerum slihð. Þanon þonne him is miclum worce to gymenne,
swa hit beforan sægð, (þæt be þæra gylta) 7 be þæra hada 7 be
þæra ylda mæðe seo steor beo funden, þæt naðer ne se gylt for
20 slæwðe ne rixie, ne eac þæt seo þreaung þa mildheortnisse ofer-
swiðe, swa Sanctus Maximus cwæð, 'Ne sceal swa liðe mildnes
beon þæt ne forhæbbe þa syngunge, ne eft swa strec reðnis þæt of
his slyde ne cyrre þone gyltendan.' ⁊ eac swilce þam ealdrum is
24 to warnienne þæt hi for nanun æfeste þæra gylten[d]ra gymeleaste
ne þreagon, ac don swa Sanctus Agustinus cwæð, beon leahtra
anspecan 7 manna midspecan. Asceonian þa leahtras 7 lufian
þa men. Hation þæt þurh deofles putunge wæs an belæd, 7 lufian
28 þæt þurh Godes godnysse gesceapon wæs. Healdon an handa stæf
7 gyrde: stæf þæt hi mægen oðra manna untrumnyssa gastlice and-
wreðian, 7 gyrde þæt hig mægen mid rihtum æfste þæra gyltendra
leahtras þreagan. Þam gyltigum broðrum þe beoð amansumede,
32 nates[p. 100]hwon ne sceolon þa oðre broðro to swiðe olæccan,
ne hig mid twæddingum beswican, oððe mid lyffetuncge heora
gyltas werian, ac ma helpan him þæt hig mid rihte dome stearclice
beon gerihte.

36 LI. *Ut canonici cucullis (M. -as) monachorum non induant.*
Reprehensibilem apud plerosque canonicos inoleuisse comperimus

18 *þ* be *þ. g.* o. l. by scribe.     24 *nanun,* so MS.—*gyltenra.*

usum, eo quod contra morem ecclesiasticum cucullas quibus solis monachis utendum est, induant, cum utique illorum habitum pęnitus usurpare non debent a quorum proposito quodammodo distant; quia sicut indecens est ut arma militaria more laicorum 4 gestent, ita nimirum inhonestum et ualde indecorosum est ut alterius propositi indumenta sibi imponant. Habitus namque singulorum ordinum idcirco in ecclesia ab inuicem discreti sunt, ut his uisis cuius propositi sit gestans, uel in qua professione Domino 8 militet, liquide cognoscatur. Nam et Domini lege uir muliebrem et mulier uirilem prohibetur induere uestem, scilicet ut uterque sexus sibi conueniente ueste indutus incedat; sicut enim turpe est uiro uestem muliebrem et mulieri uestem uirilem induere, ita ualde 12 indecorum est canonico uestem monachicam induere, nisi tamen cum ueste etiam propositum [p. 101] uoluerit assumere. Et quia huiuscemodi usus nulla auctoritate approbatus (*M.* -tur), sed potius ab his qui sanum sapiunt merito reprehenditur et repudiatur, oportet 16 ut abhinc, ne fiat, pęnitus sed (sed *not in M.*) inhibitum sit.

LI. *Be þam þæt preostas munuca culan ne werion.*

Ænne tallicne gewunan we are(de)don hwilon weaxan betweox preostum, þæt hi angean þa cyrclican gesetednysse scryddon hi 20 mid þam culon þe munucas ane werian sceoldon, þonne hi ne sceoldon þone gyrlan him to teon, þa hwile þe hi þurh þa drohtnunge þwuredon; for þam eallswa hit is ungerisenlic þæt preostas camplice wæpen werion ealswa læwede men, swa hit is eac un- 24 arwurðlic 7 bysmerlic þæt hig oðres hades reaf werian. Wytodlice þi wæs ælces hades reaf synderlice toscyred innan Godes cyrcan, þæt swa raðe swa man þæt reaf gesawe, þæt ma openlice wiste on hwilcum hade heora ælc his Drihtne campode. Soðlice an Godes 28 ǽ is were forboden wifes gyrla, 7 wife þæs weres, þæt heora ægðer geryslice mid his agenum reafe gancge; eallswa þam were is bysmor þæt he wifes reaf werige, 7 þam wife þæt heo weres reaf werige, swa eac þam preoste is ungedafenlic þæt he munucreaf 32 werige, butan he mid þam reafe [p. 102] þa drohtnuncge wylle underfon. 7 for þam þe we þyses gewunan nænne ealdordom nabbað afandod, ac we witon þæt ælc þæra þe riht can, hine asceonað 7 awyrpð, þi hit gedafnað þæt he heononforð ne gewurðe, 36 ac beo æfre forboden.

19 aredon] the *de* in a diff. hand.

LII. *Ut in cultu uestium discretionem teneant canonici.*

Querere potius Deum cultu cordis quam corporis euidentibus scripture sancte patet indiciis. Proinde caueant canonici ne per 4 inmoderatum cultum uestium dehonestant (*M.* -stent) religionis dignitatem. Hieronimus dicit, 'Sunt quidam quibus omnis cura est de uestibus, si bene oleant, si pes laxa pelle non fulgeat. Crines calamistri uestigio rotantur, digiti de anulis radiant, et ne 8 plantas humidior uia spargat, uix imprimunt summa uestigia. Tales cum uideris, sponsos magis estimato quam clericos.' Inde dicit Gregorius, 'Nemo estimet in fluxu atque studio uestium peccatum deesse, quia si hoc culpa non esset, nullo modo Iohannem 12 Dominus de uestimenti sui asperitate laudasset. Si cultus uestium culpa non esset, nequaquam Petrus (*M.* Paulus) apostolus per epistolam feminas a pretiosarum uestium apetitu compesceret, dicens, 'Non in ueste pretiosa.' Unde [p. 103] oportet canonicos 16 sancte auctoritati parere, et humilitatem corde, mente, actu, habitu, incessu, equitate relegiosissime demonstrare, plusque uelint sancta conuersatione eximiisque moribus quam ornatu uestium fulgere. Decet porro ut eorum talis sit uestium cultus qui uanitatis occasione careat; non enim specialiter presumi debet ab aliquo quod non generaliter teneatur ab omnibus. Veste[s] enim et calciamenta uel lectualia clericorum ex moderato et competenti habitu sint, nec nimium nitida, nec plurimum abiecta. Nam sicut inter 24 ignem et aquam tenenda est uia, ut nec exuratur homo nec demergatur, sic inter apicem superbię et uoraginem desidię iter nostrum temperare debemus.

LII. *Be þære gesceadwisnysse on gyrelan þæs preostreafes.*

28 Openon geswutelincgum haligra gewrita us is geypped þæt we mid heortan creasnysse sceolon God secan swiðor þonne mid reafes pryton. For þi þonne warnion preostas þæt hi þurh ungemetlice reafes creasnysse ne geunwurþion heora hades arwurðnysse. 32 *Sanctus* Hieronimus cwyð, 'Sume preostas syn þe eallinga gymað þæt heora reaf swet[e] stince, 7 þæt heora fell swa side hangion þæt se fot ne ætywe, 7 þæt heora loccas dæl mid tyrninge cyrpsion, 7 heora fing[p. 104]ras hringum scinon, 7 mid forewerdum tan 36 stæppað þæt on þam fuhtan wege ne beon heora fet besprengde. Þonne þu swilce geseo, þonne wite þu þæt hi beoð wogeras swiðor

33 *swet.*

þonne preostas.' Ðonne sagað Sanctus Gregorius, 'Ne wene nan man þæt an reafes oferflowennysse 7 creasnysse synn ne beo; for þam gif þæran syn nære, nateshwon ure Drihten Iohannem herian wolde be his reafes stearcnysse. ⁊ gif reafes pryto synn nære, nateshwon Sanctus Petrus an his ærendgewryte wifum ne styrde reafa wlences, þa he þus cwæð, 'Ne gescryde ge eow mid deorwurðum reafe.' For þig gerist preostum þæt hig hyron þære halgan ealdorlicnysse, 7 æwfæstlice ætywen eaðmodnysse an heortan 7 an mode 7 an dæde 7 an gegyrlan 7 an færelde 7 an rihtwisnysse, 7 þæt hig gyrnon swiðor to scinenne an haligre drohtnunge 7 an æðelum þeawum þonne an reafes frætwunge. Witodlice hit gedafenað þæt heora reafes gyrla swilc beo þæt he þolige ælces ydeles; 7 ne geþristlæce synderlice heora nan selcuðes nan þing to werienne, buton þæt ealle gemænlice werion. Preosta werreaf 7 hyra gescy 7 heora bedclaðas sceolon beon swa gedafenlice 7 swa medme, þæt hi ne beon to deorwyrðe ne eft to wace. Ealswa [p. 105] ma weg sceal healdan betwix fyre 7 wætere, þæt se man ne forbyrne ne ne adri(n)ce, swa eac betwyx þam þrymme þære modignysse 7 þære swelgende þære aswundennysse we sceolon ure lifes weg wislice scyftan.

LIII. *Quod a prelatis gemina pastio sit subditis inpendenda.*

Sollerter prelatis satagendum est ut eos quibus presunt uerbis [et] exemplis ad bene uiuendum informent, fixoque corde tenendum ne eos quasi proprios, sed ut Domini sui gregem, tractare meminerint, iuxta illud quod Petro dicitur, 'Si diligis me, pasce oues meas.' 'Meas,' inquid, 'non tuas.' Et hoc ideo dicimus, quia sunt nonnulli qui oues Christi, non amore Christi, sed suę glorię uel dominationis uel questus gratia pascunt. Etenim terrena subsidia diligenter illis prebere, exempla simul uirtutis cum uerbo predicationis debent sollicite inpendere. Quapropter studeat unusquisque prelatus ut familię Christi annonam spiritalem carnalemque subministret, ut effici mereatur ille euangelicus seruus de quo dicitur, 'Fidelis seruus et prudens, quem constituit Dominus super familiam suam, ut det illis cibum in tempore.' Ergo sicut subditis necessaria corporis tribuunt [p. 106] ita nihilhominus studere debent ut eandem (*M.* iidem) religiosissime ordinem seruent, et prelatis suis ac magistris honorem

8 ætywen. 11 After þeawū a letter erased. *Preostanwerreaf.*

debitum similiter inpendant, ut horis canonicis diuinum officium
impleant, non otio uacent, non uaniloquiis inseruiant, non detra-
ctionibus et ceteris uitiorum inlecebris incu[m]bant, sed potius
4 aut orationi, aut lectioni, aut quibuslibet ęclesię aut certe propriis
utilitatibus uacent, aut etiam doctrinis sanis [*M*. sacris], et diuer-
sarum artium erudiantur disciplinis, ita uidelicet ut nullus in con-
gregatione inutilis aut otiosus existens, stipendia ęclesię inofficiose
8 accipiat. Hanc igitur geminam pastionem prelati sibi commissis
ouibus inpendere instanter procurent, utpote pro animabus eorum
Domino rationem reddituri.

LIII. *Be þam þæt þa ealdras sceolon twifealdne fodan hyra*
12 *underþeoddum don.*

Gleawlice is þam ealdrum to hicgenne þæt hi to godes lifes bysne
getihton þa þe hi ofer syn, ægðer ge mid wordum, ge mid bysnon;
7 him is trumre heortan to healdenne þæt hig gemunon þæt hig
16 ne synt na heora agene, ac synt heora Drihtnes ewde, ealswa se
Hælend to San*cte* Petre cwæð, 'Gif þu lufige me, þon*ne* healt þu
mine scep.' 'Mine,' cwæð se Hælend, næs 'þine.' ꞇ þis we for
þi secgað, þe for wel manege synt þe Cristes [p. 107] scep, na for
20 Cristes lufe, ac for heora woroldwuldre 7 for hlafordþrimme
7 for gestreona þingum healdað. Soðlice þa hyrdas sceolon þa
eorðlican helpas him georne don, 7 freflice sceal him ætywan rihte
drohtnunge ge mid godum bysnu*m*, ge eac mid wordpredicungum.
24 For þi þon*ne* hicge æghwilc ealdor þæt he Cristes hirede gastlice
bilyfne 7 flæsclice fægre þenige, þæt he mage gewurðan se god-
spellica þen þe be him þus God cwyð, 'Getrywe 7 snoter wæs se
þen þe Drihten ofer his hired gesette, þæt hi*m* to tide heora mete
28 dælde.' Witodlice ealswa ma sceal þa*m* underþeoddon þæs lichoman
neadþearfa don, swa hi eac eallu*m* mihtu*m* hicgan þæt hig þa
ylcan endebyrdnysse æwfæstlice healdon, 7 rihtlicne weorðscipe
don heora ealdrum 7 heora lareowum, 7 gefyllon þæne godcundan
32 þeowdom an þam preostlican tidu*m*, 7 ne beon hi ydelgeorne ne
idelspræce ne tælende, ne eac oðra leahtra ymbspænninga ne
began, ac ma geæmtigion hi silfe to gebedum 7 to rædingu*m*, 7 to
mynstres neode 7 eac to heora agenum, 7 to drihtlicum laru*m*
36 7 to mænigfealdum larcræftum, swa on þa wisan þæt nan an
geferrædene ne beo ydel ne unnytt, þe þurfe mynstres gestreona

24 After *þ* one or two letters erased.  29 After *mihtu* a letter erased.
37 *þurfe*] *þeurfe* MS.

[p. 108] butan earnunga brucan, ac cunne ælc sumes cynnes note. Ealling anrædlice hogion þa ealdras þæt hig þone twyfealdan fodan don heora underþeoddan sceapum, be þam þe hig willon heora sawla gescead heora Drihtne agyfan. 4

LIIII. *De familiaritate a clericis mulierum extranearum deuitanda.*

Prima quidem clericorum temptamenta sunt feminarum frequenter (*M.* -tes) accessus, et reprehensibiles exhibent clericos. 8 Quid tibi reuera cum feminis, qui ad altare cum Domino famularis? Te cuncti in plublico (*M.* publico), te in agro rustici, aratores, ac uinatores, cotidie grauiter lacerabunt, si contra dispositum fidei cum feminis habitare contendis. Numquid in 12 choro apostolorum femine affuerunt? Prohibe uirgines tecum commorari, que de genere tuo non sunt. Nemo inter serpentes et scorpiones securus ingreditur. Non potest cum Domino toto corde habitare qui frequentibus feminarum accessibus copu- 16 latur. Cum proximat stipula, incendit ignem. Cum proximat femina, corrumpit mentem. Si cum uiris femine habitauerint, uiscarium diaboli non deerit. Ianua diaboli, uia iniquitatis est, percussus scorpionis nocuumque genus. Nemo miles cum uxore 20 [p. 109] pergit ad bellum. Inde mando et remando ut hospitiolum canonicorum aut raro, aut numquam mulierum pedes terant. Uir autem siue mulier, cum ad Dominum conuersi fuerint post peccatum suum quod adinuicem commiserunt, nec in una uilla umquam 24 peniteant, nec sit inter eos salutatio aut beneficium, nec uisus [nec] colloquium, si non casus interuenerit, nec de uno fonte, ut uulgo dicitur, potum bibent. Nec alumpnus inter utrumque concurrat, nec munusculum quidem nec conloquium, ut diximus, nec 28 recordatio alterius in mente sua requiescat, sed cum affuerit, cito ueniam a Deo petat. Meminere debent canonici quod nec Dauid[e] sanctiores, nec Salomone sapientiores possunt esse. Meminere debent quod paradysi colonum, Adam, de possessione sua Eua 32 mulier eiecit.

LIIII. *Be þam þæt preostas gehoftscipe næbbe wið fremde wif.*

Witodlice þa forman costnunga preosthades mannon cumað of wifa gelomlicre tosocne, 7 þanon weorðað preostas talfulle. Þu þe 36 scealt þinon Drihtne hiwcuðlice æt his weofode þenian, hwæt

34 *næbbe.* So MS. Cp. p. 6[20].

gebyraðþe mid wifum? Þe willað ealle ut a felda 7 ealle æcer-
ceorlas 7 ealle wineardwealas dæghwamlice tælan, gif þu angean
þines hades behat wilt wunian [p. 110] mid wifum. Næron na an
4 þæra apostola werede wifmen. Ne geþafa þu þæt fæmnon mid þe
wunion, gif hi þe fremde beon. Ne mæg ealre heortan mid
Drihtne wunian se ðe byð wifmannum geferlæht mid gelomlicre
neosuncge. Sona fyr bið atend swa þæt ceaf cymð neah. Gif þe
8 wifman genealæhð, þin mod bið gewemmed. Gif wif wunað mid
werum, þær bið wen deofles cramıningpochan. Hit is deofles geat
7 unrihtwisnysse weg 7 þrowendes slite 7 dergendlic cynren. Ne
gæð nan cempa mid his wife to campe. For þig ic beode 7 eft
12 beode þæt preosta wununge wifes fet, oððe seldon, oððe næfre, ne
tredon. Wer 7 wif, sioðan hig to Drihtne of heora syngunge
gecyrron þe hi him betwyx drugon, ne don hi heora dædbote
næfre on anun tune, ne ne sendon him gretinge ne sanda betwynan,
16 ne synderlice hig ne geseon ne ne gesprecon, butan hit ungewealdes
gelimpe, ne furðon hig, swa eald (folc)cwide cwyð, of anum wylle
hig ne drincon. Ne heora hiwon betwunon ne yrnon, ne lac ne
samodspræc ne beo him gemæne, swa we bufan sædon, ne heora
20 naðres gemynd an oðres heortan gereste, ac sona æt Gode swa hit
cume, forgyfnysse bidde. Preostas sceolon gemunan þæt hig ne
synt na haligran þonne Dauid, ne wisran þonne Salomon, 7 hi
sceolon gemu[p. 111]nan þæt neorxnawoncges bigencga, Adam,
24 wearð of his gecyndan are þurh Euan his wif ut adræfed.

LV. *De clericis non manentibus in suo proposito.*

Qui semel in clero deputati sunt, aut monachorum uitam ex-
petierunt, statuimus neque ad militiam, neque ad dignitatem
28 aliquam uenire mundanam, et hoc temptantes, et non agentes
pęnitentiam, quominus redeant ad hoc quod propter Deum pri-
mitus inierunt, anathematizari.

LV. *Be þam preostum þe ne wuniað on heora behate.*

32  We gesetton þæt þa þe æne beoð to preosthade gedon, oððe
munuchad geceosað, þæt hig na sioðan to campdome, ne te nanon
woroldricetere ne geþristlæcen to becumenne. Þa þonne þe þis
forgægað, 7 dædbote ne doð, þæt hig eft gecirron to þam þe hig
36 æt fruman wið God fæstnedon, amansumige ma hi.

1 *a*, so MS.    14 *þe hi*] *þe þi* MS.    15 *anun*, so MS.    24 *weorð*.
33 *te nanon*, so MS. Cp. note 1.

LVI. *De humiliatione facienda propter Deum.*

Multitudines et officia et placida (*M.* -ita) et conuiuia et salutationes hominum quasi quedam catena (*M.* -nae) uoluptatum fugienda (*M.* -dae) sunt. Sit uilis uespertinus cibus, panis cum 4 holere et legumine, interdum pischiculi pro summis ducantur deliciis. Qui cum Christo desiderat regnare, non quęret magno opere utrum de prętiosis cibis [p. 112] et potibus stercus conficiat et urinam. Venter uacuus sepius dormientis et crebrę uigilię carnem affligunt. 8 (*M.* Ventre vacuo sæpius dormiendum : crebræ vigiliæ carnem et sensum affligunt.) Flexo corpore mens erigenda est ad Dominum. Semper in manu sacra lectio, et in ore frequenter oratio sit. Pauperibus sumptuum refrigeria manu propria sunt distribuenda. 12 Humilitas uestium tumenti animo non appetenda. Sęcularium, et maxime potentium, consortium deuitandum est. Aliquid operis semper faciendum, ut diabolus inueniat hominem in opere occupatum. Ab otiosis sermonibus auditus et lingua sunt castigandi. 16 Et in eclesia cum timore et ueneratione standum, et semper aut orandum aut cantandum aut legendum aut audiendum. De iustis laboribus in (in *not in M.*) elemosina Deo iusto dandum. Melius non habere quod tribuatur, quam inprudenter (*M.* impud-) petere 20 quod detur. Negotiator clericus, et ex inope diues, et ex ignobili gloriosus, quasi quedam pestis fugiendus.

LVI. *Be þam hu eaðmod man sceal beon for Godes lufe.*

Menigio 7 þenunga 7 gemot 7 gebeorscipas 7 manna gretinga 24 synt to fleonne swylce sume lustes racentan. Ac sy eaðelic æfenmete, hlaf mid wyrtum 7 mid ofæte, 7 amang þam gif ma fisc hæbbe, [p. 113] healde þæt for healicne est. Se þe mid Criste wilnað to rixigenne, ne recð he na swiðe hwæþer he of deorwyrðum 28 mettum 7 drincum þæt meox his argancges 7 his micgan gesamnige, Seo gelære wamb þæs slæpendan 7 þa geloman wæccan þæt flæsc geswencað. ⁊ gebigedon lichaman ma sceal þæt mod up to Drihtne aræran. Æfre sceal on handa beon halig rædincg, 7 an 32 muðe halig gebed gelome. ⁊ of agenre handa ma sceal ælmesmannum frofor dælan. Eadmodnysse reafa nys mid toþundenum mode woroldþinga to wilnigenne. ⁊ swiðost him is to forbugenne woroldricera geferscipe. Æfre ma sceal sum þing wyrcan, þæt 36 deofol gemête þone man mid worce abysgodne. Earan 7 muð ma

25 *lustes*] *lustres* MS.

sceal fram idelum spræcon forhabban, ⁊ an cyrcan mid ege ⁊ mid
arwurðnysse standan, ⁊ æfre þærinne oððe hine ma gebidde, oððe
ma ræde, oððe ma singe, oððe hlyste. ⁊ of mannes gerihtgeswyncon
sylle ma Gode rihte ælmessan. Selre is þæt ma næbbe hwæt ma
sylle, þonne ma tallice abedecige þæt ma sylle. Preost þe bið cypa
⁊ of þam arist of wædlan to rican men, ⁊ of unwurðum men to
wurðfullum, se bið to forfleonne swilce uncoðu oððe cwyld.

8 [p. 114] LVII. *De iracundis doctoribus.*

Iracundi doctores per rabiem furoris disciplinę modum ad in-
manitatem crudelitatis conuertunt, vt (*M.* et) unde emendare
subditos poterant, inde potius uulnerant. Ideo sine mensura ulci-
12 scitur culpas doctor iracundus, quia cor eius, dispersum in rerum
curis, non colligitur in amore unius deitatis.

LVII. *Be þam weamodan lareowum.*

Weamode lareowas þurh hetolnysse heora reðscipes gehwyrfað
16 þære lare gemet to ungefoge þære wælhreownysse, ⁊ þanon hi
heora underþeoddan mihton gebetan, þanon hi wundiað hi. For
þi se weamoda lareow wr(i)cð þa gyltas butan gemete, for þam
his heorte bið tobroden ymbe woroldcara, ⁊ ne bið gesamnod an
20 lufe þære anlican godcundnysse.

LVIII. *De doctrina et exemplis doctorum.*

Tam doctrina quam uita clarere debet ecclesiasticus doctor. Nam
doctrina sine uita sepe (sepe *not in M.*) arrogantem facit, uita sine
24 doctrina inutilem reddit. Doctoris predicatio operibus bonis con-
firmanda est, ita ut quod docet uerbo, instruat exemplo. Illa est uera
doctrina, quam uiuendi bene sequitur forma. Nam nihil turpius est
(p. 115) quam si bonum quod quisque predicat, explere opere negle-
28 gat. Tunc enim predicatio utiliter profertur, quando efficaciter a
proferente adimpletur. Unusquisque doctor et bone actionis et bone
predicationis habere debet studium. Nam una sine altera non facit
perfectum. Sed predicatur (*M.* præcedat) doctor bene agere, ut
32 sequenter possit bene docere. Et in illa doctrina clara et simili-
tudo patrum et humilitas propter Deum habende sunt.

LVIII. *Be lare ⁊ bysnungum þæra lareowa.*

Se cyrclica lareow sceal scinan ægðer ge mid lare ge mid liues

5 After *bið* about five letters erased.    18 *wyr,*cð.

lvii. De iracundis doctoribus.

Iracundi doctores prabent furoris discipline modum ad inmanitatem crudelitatis conuestunt. Vt unde emendare subditos poterant, inde potius uulnerant. Ideo sine mensura ulciscitur culpas doctor iracundus. quia cor eius dispsum in rerum curis non colligitur. in amore minus dicatas.

lvii. Be þā prēamōdan lārēoƿum.

Prēamōde lārēoƿas byþ, hēo oln ȳsse, heora þēd scīpes ge hȳþþað, þære lāre grimetcunge þēgre þærfe. þæs hȳrēopnysse. ꝼ þanon In hēopa, unorf, þroddan, naht on ȝebrēccan, þanon In pundrað In. fōn ƿi se prēamōda lārēop pȳseð þa ʒyltas, butan ʒemete. fon þā hyr hrōpte bið tohpoðen ȳmbrē þolo capa, ꝼurbið ʒesamnod anlustr þærte an lican ʒōd cūmonysse.

lviii. De doctrina et exemplis doctorum.

Tam doctrina quam uita clarere debet ecclesiasticus doctor. Nam doctrina sine uita sepe arrogantem facit. uita sine doctrina inutilem reddit. Doctoris p̄dicatio operib; bonis confirmanda est, ita ut qd' docet uerbo, instruat exemplo. illa est uera doctrina, quam uiuendi bene sequitur forma. Nam nihil cuiq; prodest

drohtnunge. Seo lar butan lifes drohtnunge gedeð þone man prutne, 7 þæs lifes droh[t]nung butan lare unnytt[n]e. Þæs lareowes bodung sceal beon getrymmed mid godum worcum, þæt þæt he mid wordum tæce, þæt he þæt mid worcum getrymme. Seo lar is soð, þe þæs godan lifes bysen folgað. Soðlice nis nan þing fracodlicre þonne þæt se man forgyme þæt he mid godum weorcum ne gefremme, þæt he mid wordum bodað. Þonne soðlice seo bodung bið nytwyrðlice forðbroht, þonne heo bið caflice fram þam bodigendan gefylled. Æghwilc lareow sceal hicgan þæt he bega god weorc 7 gode bodunge. Witodlice naðer butan oðrum ne mæg þone man fulfremedne [p. 116] bringan. Ac lære se lareow ærest mid godum weorcum, 7 siððan mid godum larum. ꝗ an þære mæran lare sceal beon ægþer ge haligra fædra anlicung 7 efenlæcing 7 gehealden eadmodnysse for Gode.

LIX. *De taciturnitate in ecclesia.*

Omni tempore in ęclesia tam a populo quam a clero summum silentium fiat, excepto hoc quod ad laudes Dei pertineat. Videamus quod ait propheta, 'Dixi, custodiam uias meas, ut non delinquam in lingua mea.' Item, 'Posui ori meo custodiam, obmutui et humiliatus [sum], et silui a bonis.' Hic ostendit propheta, si a bonis eloquiis propter taciturnitatem debet interdum tacere, quanto magis a malis uerbis propter pęnam peccati debet cessare ? Inde sancta scriptura dicit, 'Qui enim in ęcclesia uerbositari fecerit, et pro se et pro aliis malam redditurus est rationem in die iudicii.' Ergo quamuis de bonis et sanctis eloquiis propter taciturnitatem rara loquendi in ecclesia concedatur licentia, quia scriptum est, 'In multiloquio non deerit peccatum.' Et alibi, 'Mors et uita in manibus linguę.' Nam loqui et docere magistro condecet, tacere et audire discipulo conuenit. Qui hanc taciturnitatem in ecclesia minime custodierit, sed fregerit, sit in ipso die peni[p. 117]tens in pane et aqua. Et si iterum, tribus diebus peniteat in pane et aqua. Et si tertia uice iterauerit, septem diebus, ut supra, peniteat. Et si amplius hoc facere presumpserit, corporali disciplinę subiciatur, ut ceteri timeant.

LVIIII. *Be swigan.*

Ælcere tide an cyrcan ægðer ge folc ge preostas sceolon healice

---

2 *drohnung.—unnytte.*

swigan healdan butan þam Godes dreame þe to his naman heringe
belimpð. Uton agytan hwæt se wityga cwæð, 'Ic cwæð þæt ic
wolde mine wegas gehealdan, þæt ic nolde an minre tungan agyltan,'
eft, 'Ic gesette minon muðe heordrædene, ic adumbode 7 ic wæs
geeadmet, 7 ic swigode fram godum spræcum.' Her ætywð se
witiga, gif ma fram godum spræcum for swigean arwyrðnysse
hwilon sceal swigan, hu micle ma fram yfelum wordum for synna
witnunge ma sceal ablynnan? Þanon cwyð þæt halige gewrit,
'Se ðe gedeð þæt ma innan cyrcan hæfð gehlyd, he sceal strang
gescead for hine sylfne 7 for oðre agyldan an domes dæge.' Þeah
þe godum 7 haligum spræcum for swigean þingon sy seldon spræc
an cyrcan alyfed, for þam þe hit is awriten, 'On mænigfealdre spræce
ne bið synne nan wana.' 7 hit eft cwyð, 'Deað 7 lif synt an
tungan gewealde.' Soðlice for þi gedafnað [p. 118] þam lareowe
to sprecenne 7 to lærenne, 7 þam leornere to swigienne 7 to hly-
stenne. Se þe þas swigan an cyrcan ne gehealde, ac abrece,
hreowsige hit to þam dæge 7 bete an hlafe 7 an wætere. 7 gif he
hit [eft] abrece, fæste þry dagas an hlafe 7 an wætere. 7 gif
þriddan siðe abrece, fæste syfon niht an hlafe 7 an wætere. 7 gif
þonne gyt lencg geþristlæce hit to abrecenne, do him ma swinglan
steore, þæt oðre' him þanon adrædon.

LX. *De ebrietate a clero deuitanda atque detestanda.*

Dominus in euangelio ait, 'Attendite autem uobis, ne forte
grauentur corda uestra in crapula.' Et apostolus dicit, 'Nolite
inebriari uino, in quo est luxuria.' Salomon dicit, 'Luxoriosa res
est uinum, et tumultuosa ebrietas; quicunque in his delectatur non
erit sapiens. Nullum secretum est ubi regnat ebrietas.' Alibi
dicitur, 'Operarius ebriosus non locupletabitur. Uinum et
mulieres ebriosę (ebr- *not in M*.) apostatare faciunt sapientes.'
Et alibi, 'Diligentes semper se inebriari uino noli prouocare in
congregationem tuam.' Vinolentos sacerdotes et apostolus dam-
pnat, et uetus lex prohibet, 'Qui altari seruiunt, uinum ad ebrie-
tatem (ad ebr. *not in M*.) et siceram non bibent.' Sicera Hebreo
sermone omnis potio nuncupatur que inebriare potest. [p. 119]
Quicquid inebriat et statum mentis mutat, fuge similiter ut uinum,

Qui cupis esse bonus, et uis dinoscere uerum,
Ut mortis socium, sic mordax effuge uinum.

6 After *for* an *r* (?) erased.    15 *spreccenne 7 to lærerne.*

Nulla febris hominum maior quam uiteus humor:
Surdescunt (*M.* Pro eo s-) aures, balbutit denique lingua.
Dic mihi, dic, ebrie, uiuis, an morte grauaris?
Pallidus ecce iaces, et sine mente quiescis.
Non bona, non mala, non dura, non mollia sentis.

Cauete, fratres, in omnibus ebrietatem, quia magna subuersio animi est. Nam sicut ignis facile incendit stuppas et leuiores paleas, ita ebrietas corrumpit animam et deicit eam in grande peccatum. Dominus per prophetam ait, 'Ue illis qui mane surgunt ad ebrietatem sectandam, et ad potandum uinum usque ad uesperum.' Et in alio loco dicitur, 'Ve illis qui potentes sunt ad bibendum uinum, et uiri fortes ad miscendam ebrietatem.' Basilius dicit, 'Plurimi namque homines per uinum maximam debilitatem corporis contraxerunt, nec potuerunt consequi pristinam firmitatem.' Ebriosus putat se aliquid obtimum agere, cum fuerit precipitio deuolutus. Fratres karissimi, nolite uos inebriari (*M.* -re) uino, nolite bibendo inmoderate nomina uestra de cęlo delere. Sunt multi, quod peius [p. 120] est, qui non solum se inebriant, sed etiam alios adiurant ut amplius quam expedit bibant. O infelix qui hoc facis, non tibi sufficit quod ipse peris, nisi adhuc insuper et alios perdas. Non tibi sufficit quod ipse in illa ebrietate incurris, adhuc et alios tecum trahis. Non sufficit misero ebrioso in ebrietate se ipsum mergere, nisi et alios secum conetur inuoluere. Nolite, fratres, nolite hoc malum agere. Audite apostolum dicentem, 'Neque ebriosi regnum Dei possidebunt.' Ebriosus enim nec patrem nec matrem, nec amicum nec inimicum agnoscit, neque inter bona et mala discernit, nec ignem nec gladium timet. Sic falsi fratres et persecutores sunt qui Deum et ęclesiam contempnunt, nec bona nec mala discernunt; nec gladium presentis uitę, nec ignem gehenne futurum metuunt. Quando homo ebrius fuerit, cor suum et membra deliberare (*M.* liberare) non potest.

LX. *Be þam þæt preostas sceolan forbugan 7 asceonian druncen.*

Drihten on his godspelle cwyð, 'Begymað þæt eowre heortan ne wurðon gehefgode mid oferfylle.' ⁊ se [apostol] cwyð, 'Nelle ge eow oferdrincan on wine, on þam is gælsa.' Salomon cwæð, 'Gælslic þing is win, 7 druncennys [p. 121] is hlides full; swa hwylc swa on þam gelustfullað, ne wyrð he wis. Ne bið nan þing dyrnes þær druncen rixað.' ⁊ an oðre stowe hit cwyð, 'Druncen

wyrhta ne wyrð he na welig. Win 7 druncene wif gedoð hwilon þæt witon maffiað.' ꝉ eft hit cwyð, 'Ne gelaða þu to þire gesamnunge þa þe lufiað þæt bi hi sylfe an wine oferdrincon.' Druncene mæsse-
4 preostas 7 se apostol genyðrað, 7 seo ealde ǽ forbytt, 'Þa þe to Godes weofode þeowiað, ne drincon hi win to druncennysse ne siceran.' Sicera an Ebreiscere spræce is ælces cinnes drinc genemned þe man of druncnian mæg. Swa hwæt swa drence
8 7 þæs modes trumnysse awende, fleoh þæt ealswa win. Þu þe wilt god wesan, 7 wilt soð ancnawan, swa swa deaðes geferan, swa forfleoh þu þæt numele win. Nan fefor nis mannon mara, þonne se winlica wæta, of þam deafiað þa earan 7 wleaffað seo tunge. Saga,
12 þu druncena, saga me, lifast þu, þe þu eart mid deaðe gehefsgod? Efne nu þu blac list 7 þe modleas rest, ne gefelst þu god ne yfel, ne heard ne hnesce. Warniað eow, broðru, on eallum þingum wið druncen, for þam hit is micel modes toworpennys. Witodlice
16 ealswa fyr euðelice atent ácuma 7 lytle strewu, swa druncennys gewemð þa sawlæ 7 be[p. 122]wyrpð hi an micle synne. Drihten þurh þone witigan cwæð, 'Wa þam þe an morgen arisað druncen to beganne, 7 win to drincenne oð æfen.' ꝉ an oðre stowe hit cwyð,
20 'Wa þam þe beoð strange win to drincenne, 7 cafe weras druncen to mengenne.' Sanctus Basilius cwæð, 'Witodlice manege men þurh win getugon him to micle unhæle heora lichoman, 7 næfre siððan þa ærran strengðe ne begeaton.' Se druncena wenð þæt he
24 sum þing godes do, þonne he bið an hryre besceofen. Leof[e] broðro, ne oferdrencað eow mid wine, 7 ne adylgiað eowre naman of heofenan þurh ungemetlicne drinc. Manege synt, þæt gyt wyrse is, þæt na þæt an hi sylfe fordrencað, ac eac oðre halsiað þæt hi mare
28 drincon þonne him framige. Eala þu ungesæliga þe þis dest, nis þe genoh þæt þu sylf losast, þeah þu uppan þæt oþre ne forspylle. Ne genihtsumað þe þæt þu sylf an þæt druncen beyrnst, þeah þu þonne gyt oðre mid þe ne teo. Ne genihtsumað þam earman
32 druncenan þæt he an his druncene hine sylfne besence, butan he eac gehicge þæt he oðre mid him bewealce. Ne do ge, broðro, ne do ge þis yfel. Gehyrað hu se apostol cwyð, 'Þa druncengeornan ne gebidað hi heofona rice.' Se druncena ne gecnæwð naðer ne
36 fæder ne modor, ne freond ne feond, ne he gescead [p. 123] ne can betwyx gode 7 yfele, ne he fyr ne adrædeð ne swurdes ogan. Swa beoð þa swicolan broðro 7 þa ehteras þe forhogiað Godes cyrcan,

16 *ácuma*, so MS.    24 *leof*.

ne hi ne toscyriað god ne yfel, ne hi ne adrædað þæt swurd þises anweardan lifes ne þæt towerde hellefyr. Þonne se man druncen byð, ne mæg he gerisenlice begyman naðer ne his geþances ne his lyma færeldes.

### LXI. *De clericis.*

Itaque omnes qui in ecclesiastici ministerii gradibus ordinati sunt, generaliter clerici nominantur. Cleros autem uel clericos hinc apellatos doctores nostri dicunt, quia Mathias sorte electus est, quem primum per apostolos legimus ordinatum. Sic et omnes quos illis temporibus ęclesiarum princeps (*M*. principes) ordinabant sorte elegebat (*M*. eligebant). Nam cleros sors interpretatur, unde et hereditas Grece cleronomia appellatur, et heres cleronomos. Proinde ergo clericos uocari aiunt, eo quod in sorte hereditas Domini dicuntur (*M*. datur), uel pro eo quod ipse Dominus sors eorum sit, sicut de eis scriptum est, loquente Domino, 'Ego hereditas eorum.' Vnde oportet ut qui Deum hereditate possident, absque ullo impedimento seculi Deo seruire studeant, et pauperes spiritu esse contendant, ut congrue illud psalmistę dicere possint, 'Dominus pars hereditatis meę.'

### LXI. *Be preostum.*

Witodlice ealle þa þe an þam cyrclican ha[p. 124]dum gehadode beoð, ealle þa gemænlice an Crecisc clericos, 7 an Englisc preostas hatton. Ure lareowas secgað þæt ma þi ærest on Crecisc clericos 7 an Engli[s]c preostas hete, for þam þe Mathias be gehlote wæs gecoren. Se wæs ærest þurh þa apostolas gehadod, swa we gerædd habbað. ⁊ ealle þa þe an þam tidum wæron to cyrcan ealdrum gehadode, ealle hi wæron be gehlote gecorene. Cleros an Crecisc getacnað hlyt an Englisc, þanon eac yrfeweardnys an Crecisc cleronomia hatte, 7 se yrfeweard hatte cleronomus. For þi þonne hi preostas an Crecisc clericos hatað, þæt is an Englisc hlyteras, for þan hig synt getalode 7 genemde to Drihtnes gehlote, oððe þæt heora Drihten sy heora gehlot, ealswa hit gewriten is be Drihtne sprecendum, 'Ic eom,' cwyð Drihten, 'heora yrfewerdnys.' For þi gerist þæt þa þe God habbað to yrfewerdnysse, þæt hig hogion þæt hi Gode þeowian butan woroldhremminge, ⁊ habban þurh eadmodnysse þearfan gast, þæt hi rihtlice magon cweðan mid þam sealmsceope, 'Drihten is dæl minre yrfwerdnysse.'

24 *englic.*

## LXII. De regulis clericorum.

His igitur lege patrum cauetur ut a uulgari uita reclusi a mundi uoluptatibus se [p. 125] abstineant, nec spectaculis nec pompis
4 intersint ; conuiuia publica fugiant, priuata non tantum pudica, sed et sobria colant. Vsuris nequaquam incumbant, neque turpium occupationes lucrorum fraudisque cuiusque studium appetant. Amorem pecunię quasi materiam cunctorum criminum fugiant.
8 Secularia officia negotiaque abiciant ; honorum gradus per ambitionem non subeant. Pro beneficiis medicinę Dei munera non accipiant. Dolos et coniurationes caueant, odium et emulationem atque detractionem inuidiamque fugiant. Non uagis oculis, non
12 infreni lingua, aut petulanti tumidoque gestu incedant, sed pudorem ac uerecundiam mentis simplici habitu incessuque ostendant. Obscenitatem etiam uerborum sicut et operum pęnitus execrentur. Viduarum et uirginum uisitationes frequentissimas fugiant, contu-
16 bernia extranearum feminarum nullatenus appetant. Castimoniam quoque inuiolati corporis perpetuo studio (studio *not in M.*) conseruare studeant, aut certe unius matrimonii uinculo federentur, exceptis his canonicis qui uictu et uestitu potiantur (exceptis . . .
20 potiantur *not in M.*). Senioribus quoque debitam prebeant obedientiam neque ullo iactantię sue studio semetipsios (*M.* ipsos) attollant. Postremo in doctrina, [p. 126] in lectionibus, in psalmis, in ymnis, in canticis, exercitio iugi incumbant. Tales enim esse
24 debent qui diuinis cultibus sese mancipandos exhibere studeant (*M.* -dent), scilicet ut dum scientię operam dant, doctrine gratiam populis amministrent.

## LXII. Be preosta regule.

28 Warnion preostas be haligra fædra bysne þæt þa þonne hi fram woruldlicum life beoð ascyrede, þæt hi eac hi sylfe þonne fram woroldlustum forhæbbon, ne ne beon betwyx woroldsceawungum 7 glengon; forfleon hi opene gebeorscipas, 7 lufion syndrie 7
32 clænlice 7 syfre. Ne higion hi on feohgafole ne an fracodlicra gestreona bysga, ne nanes fracodes gecneornysse ne gewilnion hi. Þa lufe feohgestreona forfleon hi swilce antimber ealra leahtra. Aworpan hi woroldþenuncga 7 mancguncga; 7 ne gestigon
36 hi nanes hades wurðmynt þurh gyfernysse. Ꝓ for godnyssum Godes læcecræftes ne anfon hi eaðlices (leanes). Warnian hi wið fals 7 lease aðas, 7 forfleon hatunge 7 æfst 7 tælinge 7 andan. Ne

ne gán hi goretyndum eagum, ne mid ungemidludre tungan, oððe maffigendre ne prutlicre stæppincge, ac æteowien clænlice sydefulnysse modes mid heora bilwittan gyrlan ⁊ færelde. ⁊ ascunion hi worda fracodnysse ealswa wel swa [p. 127] weorca. ⁊ forfleon gelomlice neosunga wydewena ⁊ mægdena, ⁊ nateshwon ne gyrnon fremdra wifa geþoftscipes. Gehicgon hig eac þæt hig gehealdon syngalre heordnysse heora clænnysse ungewemmedum lichaman, oððe witodlice beon geferlæhte þære gefæstnuncge anes gesynscypes, butan þam canonican þe on cyrelife sittað. ⁊ æteowion heora ealdrum rihtlice hyrsumnysse, ⁊ ne ahebbon up hig sylfe mid nanon gylpe. ⁊ syngalre geornfulnysse þæs huru gymon þæt hi beon abysgode an lare ⁊ an rædingum ⁊ an sealmum ⁊ an lofsangum ⁊ an Godes heringum. ⁊ swylce hig sceolon beon þæt gecneordlæcon þæt hi hi sylfe an Godes bigencge geþeowien, þæt þonne hi æfter wisdomes gewitte deorfað, þæt hi eac þam folce magon wisdomes gife gelæstan.

LXIII. *De generibus clericorum.*

Duo sunt genera clericorum : unum ecclesiasticorum sub regimine episcopali degentium ; alterum acephalorum, id est sine capite, quem sequantur ignorantium. Iam (Iam *not in M.*) hos neque inter laicos secularium officiorum studia, neque inter clericos religio retantat (*M.* retentat) diuina, sed solutos atque oberrantes sola turpis uita et uaga complectit. [p. 128] Qui quidem nullum metuentes, explendo (*M.* -dæ) uoluptatis suę licentiam consectantur ; quasi animalia bruta, libertate ac desiderio suo feruntur habentes signum religionis, non officium. Ypocentauris similes sunt, qui nec ęqui [nec] homines, ' mixtumque,' ut ait propheta (*M.* poeta), ' genus prolisque biformis.' Quorum quidem sordida atque infami numerositate satis semperque (*M.* superque) nostra pars occidua pollet.

LXIII. *Be preosta cynrene.*

Twa cynrynu preosta synt: an is mynsterlicra, þe under bisceopes gymene wuniað; oðer is acephalorum, þæt is heafodleas ; nyton hwæm hi folgiað. Þas ne beoð naðer ne an woroldþenuncgum mid læwedum mannum, ne mid preostum an þære godcundan æwfæstnysse, ac abroðene ⁊ fleardigende hi folgiað fracedum life

9 *cyrelife*] r alt. f. n.

7 widscryðlum. Hi ne andrædað him nanne man, ac gefyllað
heora lust be his leafe 7 þam fylgað ealswa gewitlease nytenu for
freodome heora gewilnuncge, 7 habbað æwfæstnysse beacen 7 na
4 þa þenunge. Hi sind gelice ypocentauris, þa ne synt naðer ne
hors (ne) men, ac synt gemenged, swa se bisceop cwæð, 'Ægðer ge
cynren ge tudor is twybleoh.' Þæra sceanda 7 þæra swæma
mænigeo wæs æfre ure westdæl afylled.

8 LXIIII. *De sacerdotibus peccantibus.*

[p. 129] Presbiter aut diaconus qui in fornicatione aut periurio
aut furto aut homicidio captus est deponatur, non tamen com-
munione priuetur, dicit enim scriptura, 'Non iudicabit Dominus
12 bis in idipsum.'

LXIIII. *Be mæssepreostum þe syngiað.*

Mæssepreost oððe diacon þe an forligere oððe an manaðe oððe
an stale oððe an manslyhte beo befangen, aworpe ma hine of his
16 hade, 7 na forbeode ma him huselgang, for þam þæt gewrit cwyð,
'Ne wrycð Drihten tuwa ænne gylt.'

LXV. *Ut presbiter habeat unam ecclesiam.*

Presbiter non amplius quam unam ecclesiam habeat, sicut et uir
20 unam uxorem.

LXV. *Be þam þæt mæssepreost ane cyrcan hæbbe.*

Næbbe se mæssepreost na ma þonne ane cyrcan, þe ma þe se
wer mot habban butan an wif.

24 LXVI. *Ut clerici nuptialia conuiuia uitent.*

Presbiteri, diacones, subdiacones, uel deinceps, quibus ducendi
uxores licentia non est, alienarum nuptiarum consortia euitent,
neque his cętibus amisceantur ubi amatoria et turpia cantantur,
28 aut ubi obsceni motus corporum choris et saltationibus efferuntur,
ne auditus et obtutus sacris misteriis denudatus turpium [p. 130]
spectaculorum atque uerborum contagione polluantur (*M.* -atur).

LXVI. *Be þam þæt preostas ne beon æt gyftfeormum.*

32 Mæssepreostas 7 diaconas 7 subdiaconas 7 þa þe wifian ne
moton, forbugan hi eac oðra manna gyfta, ne ne beon an þam
geferscypum þær ma wogerlice leoð 7 tællice singe, oððe þær

5 *ne* wr. o. l. by a diff. hand.

lichamana beoð fracodlice gebæru mid saltingum 7 tumbincgum, þe læs þe se hlyst 7 seo gesihð wurðe bescyred þæra haligra geryna, 7 wurðe gefyled mid besmitenysse fracodlicra wurda 7 wlatuncga. 4

LXVII. *De eo quod non per ambitionem sacerdotium appetendum.*

Sicut qui inuitatus renuit, quesitus refugit, sacris est altaribus remouendus (*M.* offerendus), sic qui ultro ambit uel inoportunus 8 (*M.* importunus) se ingerit, est procul dubio repellendus. Nam qui nititur ad altiora conscendere, quid agit nisi ut crescendo decrescat? Cur non perpendit quia benedictio illi in maledictum conuertitur? 12

LXVII. *Be þam þæt nan preost ne gyrne mæssepreosthades.*

Ealswa se þe ma laðað 7 wiðcwyð, 7 se þe ma secð 7 forflyhð, bið to gefyrðringe to Godes weofode, swa butan twy byð to awor [p. 131] þenne se þe þæs his wylles gyrnð oððe hit 16 gemahlice secð. Witodlice se þe hogað to ricetere to becumene, hwæs elles cepð he, butan hu he mage þeonde misþeon? Hwi ne undergyt he þæt him byð gecyrred seo bletsung to awyrgednysse? 20

LXVIII. *De eo quod remouentur presbiteri ab officio suo.*

Hi autem presbiteri qui in presbiterio suo filios genuerint, remoueri ab officio suo debent.

LXVIII. *Be þam for hwi man aworpan scyle mæssepreostas.* 24

Ða mæssepreostas þe an heora mæssepreosthade bearn gestrynon, beon hi ascyrede of wurðmynte heora þenunge.

LXIX. *Pro infirmis orare et unguere eos oleo precipitur.*

Iacobus apostolus scripsit, 'Infirmatur quis in uobis, inducat 28 presbiteros in domum suam, et orent super eum, unguentes eum oleo infirmorum (infirm. *not in M*) in nomine Domini. Et oratio fidei saluabit infirmum, et suscitauit eum Dominus. Et si in peccatis fuerit, remittentur ei.' Quod non est dubium de fidelibus egrotantibus accipi uel intelligi debere, qui sancto oleo perungui possunt, quo ab episcopo confecto, non solum sacerdotibus, sed omnibus [p. 132] 32

15 *twy,* so MS.

80   *The Old English version of the Rule of Chrodegang*

uti christianis licet in sua aut in suorum necessitate unguendis. Nam idcirco presbiteris dictum est, quia episcopi, occupationibus aliis inpediti, ad omnes languidos ire non possunt. Ceterum si episcopus
4 potest aut dignum ducem (*M.* ducit) a se uisitare (*M.* -tandum), et benedicere et tangere chrisma (*M.* -mate) confitentem sine cunctatione potest, cuius est chrisma conficere. Nam poenitentibus istud fundi non potest, quia genus est sacramenti; nam quibus
8 reliqua sacramenta negantur, quomodo unum genus posse putatur concedi?

LXIX.   *Be þam þæt man for seoce gebiddan sceal 7 hi mid haligum ele smirian.*

12   Sanctus Iacobus se apostol cwæð, 'Gif eower hwylc beo geuntrumod, læde mæssepreostas into his huse, 7 gebiddon for hine 7 smyrion hine mid hele an Drihtnes naman. ꝺ gebed þæs geleafan gehælð þone untruman, 7 hine Drihten arærð. ꝺ þeah he an
16 synnum sy, hi beoð him forgyfene.' Þæt is untwy to understandenne be geleaffullum seocum þe man smyrian mæg mid halgum ele þe biscopas halgiað, 7 þæs moton ealle cristene men notian to heora neode 7 to heora freonda onsmyrunge. For þi hit
20 is gecweden be mæssepreostum, [p. 133] for þam þe bisceopas beoð mid oðrum unæmettan abysgode þæt hi ne magon to eallun seocum faran. Ellicor for wel se bisceop mot þe þone ele halgað, þone andyttre smyrian, gif he hine wurðne læt his neosuncge 7 his
24 bletsunge 7 his hrininge. Ne mæg ma na dædbeterum þis don, for þan hit is an þæra haligerna; 7 þam þe oðre haligerna beoð forwyrnde, hu mæg ma him þæs anes tiþian?

LXX.   *Oblationes in domibus offerri non oportere.*

28   Non oportet in domibus oblationes celebrari ab episcopis uel a presbiteris.

LXX.   *Be þam þæt man ne mæssie on unhalgedum huse.*

Ne gebyrað biscopum ne mæssepreostum þæt hi on unhalgedum
32 husum mæssion.

LXXI.   *Quomodo benedicendi sunt sponsus et sponsa.*

Sponsus ac sponsa cum precibus et oblationibus a sacerdote

14 *hele*, so MS.    21 *eallun*, so MS.    24 Over *hrininge* is wr. (by the scribe?) *æthrininge.*

benedicantur, et legibus sponsentur ac doceantur, et a paranimphis
custodiantur, et publice sollempniterque accipiantur (*M.* et legibus
sponsa dotetur, et a p. custodiatur; et p. s. accipiatur). Biduo
etiam ac triduo abstineant, et doceatur eis ut castitatem inter se 4
custodiant; certisque temporibus nubant ut filios non spurios, sed
hereditarios Deo et seculo generent.

LXXI. *Be þam hu man* [*bletsian*] *sceal brydguman 7 bryde.*

[p. 134] Brydguman 7 bryde mid gebedum 7 mid ofringum mæsse- 8
preost sceal bletsian 7 weddian hi 7 betæcan hi be lagum, 7 þa
drihtealdormen hi healdon, þæt hi ma eawuncga nyme. ꝺ forhebbon
hi twegen dagas oððe þry, 7 leornion betwyx þæt hi cunnon
clænnysse healdan; 7 hæmon rihtlicum timum þæt hi þa bearn 12
begyton þe for Gode 7 for worolde wyrðe beon yrfeweardnysse.

LXXII. *De sollemnitatibus precipuis colendis.*

In sollempnitatibus precipuis, id est in Natale, et in Octauis
(*M.* -va), et in Epiphania Domini, et in Pascha, et in Ascensione 16
Domini, et in Pentecosten, et in sanctorum festiuitatibus: id
est Sancti Stephani, Beati Iohannis euangeliste, et in festiuitate
infantium, et in Purificatione, et in Assumptione sanctę Marię.
Similiter in beatorum apostolorum festis, et Sancti Iohannis 20
babtistę, et Sancti Laurentii, et Sancti Martini, siue et [in] natale
cuiuslibet sancti cuius honor in qualicumque parrochia specialiter
celebratur, plenarium officium celebretur, et bis reficiatur.

LXXII. *Be þam hu man healice freols sceal wurðian.* 24

An healicum freolsum, þæt is an middan wintra, 7 an þone
eahtoðan mæssedæg, 7 an Twelftan dæg, 7 an Easterdæg, 7 an
[p. 135] Cristes upstige, 7 an Pentecosten, 7 an heahmæssedagum:
þæt is Sancte Stephanes, 7 Sancte Iohannes þæs godspelleres, 7 28
þara haligra cilda, 7 Candelmæsse, 7 Sancta Marian forðsið, 7 þara
twelf apostola, 7 Sancte Iohannes þæs fulwihtres, 7 Sancte Laurentius,
7 Sancte Martinus, 7 swa hwylces sanctes mæssedæg swylce an
þære scyre beo synderlice wurðod, hæbbe ma to eal¹ ᵢₙ þysum fulle 32
þenuncge, 7 eton tuwa on dæg.

LXXIII. *De decimis diuidendis.*

Sacerdotes populi suscipiant decimas, et nomina eorum quicun-

12 Over *hæmon* is wr. in a diff. (?) hand *giftiun.*

que dederint scripta habeant super altare; et ipsas decimas secundum auctoritatem canonicam coram testibus diuidant, et ad ornamentum ęclesię primam eligant partem, secunda (*M.* -dam)
4 autem per manus fidelium ad usum pauperum atque peregrinorum misericorditer cum omni humilitate dispensetur (*M.* -sent), tertiam uero partem sibimetipsis soli sacerdotes reseruent.

LXXIII. *Be þam hu man teoþincga sceal dælan.*

8 Ða mæssepreostas underfor þæs folces teoðuncga 7 habbon ealra þæra syllendra naman gewriten ofer heora weofod; 7 þa sylfan teoðuncga dælon be gewitnysse æfter þære ealderlican ge- [p. 136]setednysse, 7 nimon þone forman dæl to bote cyrican
12 wlites, 7 þone oðerne dæl betæce ma getrywon mannon, þæt hig hine eadmodlice dælon þearfum 7 ælþeodigum, 7 þone þriddan dæl healdon him sylfon.

LXXIIII. *Ut presbiteri per diuersa ab episcopis aut a laicis*
16 *indiscrete non mittantur.*

Statutum est ut prębiteri, sicut actenus factum est, indiscrete per diuersa non mittantur, nec ab ępiscopis nec ab aliis prelatis nec etiam a laicis, ne forte, propter eorum absentiam, et animarum
20 pericula et eclesiarum in quibus constituti sunt neglegantur officia.

LXXIIII. *Be þam þæt naðer ne biscopas ne læwede men ne sendon mæssepreostas butan gesceadwisnysse nahwæðer.*

We habbað gesett þæt naðer ne biscopas ne ealderas ne læwede
24 men ne sendon mæssepreostas butan gesceadwisnysse, swa ma ær þissum dyde, þi læs an heora æ[f]werdnysse þa sawla frecednysse þolgion þe an heora gymene beoð, 7 þære cyrican þenunge beon forgymede þe hi ofer beoð gesette.

28 LXXV. *De illis qui soli missas contra canonicam auctoritatem canere presumunt.*

Statutum est ut nullus presbiterorum solus mis[p. 137]sam ce[le]brare presumat, quia nec uerba Domini Saluatoris quibus
32 misteria corporis et sanguinis sui discipulis celebranda tradidit, nec apostoli Pauli documenta declarant, nec in ipsis Actibus apostolorum, si enucleatim legantur, ita fieri debere ullo modo inuenitur. Nam etsi interrogatus aut contemptus huiusmodi

12 *getrywe.*     25 *æwerdnysse.*

corporis et sanguinis Domini solitarius consecratur (*M.* -tor) fuerit, qui[d] respondere poterit ? Quibus enim dicit, 'Dominus uobiscum' ? Aut [a] quo illi respondetur, 'Et cum spiritu tuo' ? Uel pro quibus supplicat Deum, dum dicit, 'Memento, domine, famulorum famularumque tuarum et omnium circumadstantium,' cum nullus circumstet ? Quę consuet[ud]o apostolice et ęclesiasticę auctoritati contraria eradicanda et funditur (*M.* -tus) extirpanda est a Domini sacerdotibus. Et si quis hoc deinceps facere presumpserit, gradus sui periculo subiacebit.

LXX[V]. *Be þam mæssepreost*[e] *þe ana mæssað ofer þa haligan gebodu þe þæt forbeoduð.*

We habbað gesett þæt nan mæssepreost ne gedyrstlæce ana to mæssienne, for þan hit ne swytelað ures Drihtenes 7 ures Hælendes word þa he his leorningcnihtum betæhte to wurðienne þa halgan gerynu his lichaman 7 his blodes, ne Sancte Paules lara. Ne eac ma ne fint þæt hit swa mage beon an þære bec þe we Actus apostolorum hatað an Le[p. 138]den, þæt is an Englisc þæra apostola dǽd, þa hwile þe hi ætsomne wæron æfter Cristes upstige—þa þa boc angitlice spiriað 7 arædað. Gif we ahsiað nu þone þe þus oferhidlice ana halgað Drihtnes lichaman 7 his blod, hwæt wile he secgan ? Hwa andswarað him ? Oððe to hwam sægð he, 'Dominus uobiscum,' þæt is an Englisc, 'Drihten se mid eow.' Oððe hwa andswarað him þonne ma cwið, 'Et cum spiritu tuo,' þæt is an Englisc, '⁊ sy he eac mid þinum gaste.' Oððe for hwilce þingað he to Gode, þonne he cwið, 'Gemun þu, Drihten, þinra þeowa 7 þira þeowenna 7 ealra þæra þe her abutan standað,' 7 þær nan ne stent ? Þæs gewuna þe is wiðerweard wið þa apostolican gesetednysse, he is to forceorfenne 7 grundlinga to awyrtwalgenne fram Drihtnes sacerdon. ⁊ gif hit heonanforð geþristlæce hwa to donne, hæbbe him to frecednysse þæt he his hades þolige.

LXXVI. *Ut presbiteri inconsulto episcopo non constituantur in aecclesiis, uel de aecclesiis expellantur ab aliquo.*

Statutum est ut sine auctoritate uel consensu episcoporum presbiteri in quibuslibet ęcclesiis non constituantur, nec inde expellantur. Et si quis [p. 139] deinceps hoc facere temptauerit, sinodali sententia districte feriatur.

10 LXX.—*mæssepreost.* Cp. p. 7. 22 *se*, so MS.

LXXVI. *Be þam þæt nan mæssepreost ne beo geset to nare cyrcan butan biscopes le[a]fe, ne eft þanon adryfen butan his leafe.*

We habbað gesett þæt ma ne sceal mæssepreostas to nanre cyrcan gesettan, ne eft þanon don butan þæs bisceopes leafan 7 dihte. ꝼ gif hwa hit heononforð beginne to donne, styre ma him be þæs sinoðes strece.

LXXVII. *De libris quos unusquisque secum in ecclesia habere debent* (M. *-bet*).

Hi sunt libri quos habere debet unusquisque sacerdos in sua eclesia, per quos missas et epistolas seu euangelium uel baptisterium seu penitentialem aut circulos annorum siue lectiones nocturnales intelligi potest. Si quis tales non habuerit, ab eclesia degradetur, quia in illo completur quod in libris legitur, 'Canes muti non possunt latrare.' Hi sunt mali presbiteri qui concupiscunt accipere pastorale mi[ni]sterium eclesię, nec tamen possunt ad populum predicare.

LXXVII. *Be þam bocum þe ælc mæssepreost sceal habban on his cyrcan.*

Ðas bec sceal habban ælc mæssepreost an his cyrcan, þe he mæge on mæssian, [p. 140] 7 pistel 7 godspel an rædan, 7 fulluhtian, 7 dædbote tæcan, 7 geares ryne be gerime secgan, 7 an uhtan rædan. Gif þonne hwilc preost þas næbbe, þolige he þæs cyrclican hades for þam an him bið gefylled þæt on bocum is gerædd, 'Dum[b]e hundas ne magon beorcan.' Þæt synt þa yfelan mæssepreostas þe gewilniað to underfonne þone healican ealdordom þære cyrcan, 7 swa þeah ne cunnon folce heora þearfe bodian.

LXXVIII. *De non suscipiendis alterius aeclesie clericis, et de susceptoribus eorum ab[s]que litteris commendatis* (M. *-datitiis*) *uel testibus a clericis in eadem aecclesia militantibus.*

Iam constitutum est quod (quod *not in M.*) non licere in alterius ciuitatis eclesia uel in potestate laicorum clericos militare, missas cantare, aut baptizare, sed ibidem permanere in qua [a] principio meruerunt ministrare; extraneos qui nisi a patria ad aliquam eclesiam pro necessitate uenerint. Qui uero episcoporum aut

2 *lefe.* Cp. p. 7[11].    23 *cyrc-*] the *i* wr. by a diff. hand ?    25 *Dume.*

laicorum post hoc constitutum alterius ęclesię clericum susciperit, nisi ad excusandum rationabiliter, placuit a cummunione suspendi, et eum qui suscipiat, et qui susceptus est, quousque clericum ad suam fecerit reuerti ęclesiam. 4

[p. 141] LXXVIII. *Be þam þæt nan mynstres ealdor ne underfo oðres mynstres preost butan swyteluncge, 7 be þæra steore þe hit abrecað.*

We habbað gesett þæt preostas nagon to wunigenne ne to 8 mæssigenne ne to fulligenne an nanre cyrcan þe to oðre burge gebyrige ne an nanes læwedes mannes anwealde, ac þurhwunian þær hig ærest had underfengon, butan hwilc heora to oðre cyrcan for hwylcere (neode) cume. Gif þonne ofer þas gesetnysse biscopa 12 hwilc oððe læwedra manna oðre cyrcan preost underfehð, butan he hine mid gesceade betelie, us licað þæt ma amansumige ægðer ge þone þe hine underfehð, ge þone þe þær underfancgen bið, oð þæt he gedo þæt se preost ham fare to his agenre cyrcan. 16

LXXIX. *A epistola cuiusdam deicole in Christi nomine missa ad sacerdotes et clericos predicationis atque instructionis causa ipsius* (M. *ipsis*) *directa*.

Dilectissimis sacerdotibus aeclesiarum Christi presulibus et 20 cunctis cleris omnibus (omn- *not in M*.) in easdem (*M*. eisdem) ubique ei famulantibus, et deicolis omnibus in totum mundum degentibus, aeternam in Domino Saluatore nostro salutem. Nouerit igitur dilectio uestra quod semper sollicitus sum et ualde [p. 142] 24 nosse desidero de salute ac sanitate et uita uestra. Deus autem omnium nostrum uestrumque pium adimpleat desiderium in gloriam et uitę sanctę disciplinam. Ergo cum simus dominicę plebis superna miseratione rectores, studiosius nos conuenit Dei presidium 28 pro eorum sepe cogitare salute qui nobis commissi esse uidentur nec (*M*. ne) de creditis [atque] frustratis, quod absit, animabus insidiis antiqui hostis, nisi succedat preueniendo de offensis correctionem (*M*. correctio), districtam cogamur ante omnium pasto- 32 rem soluere rationem. Unde rogamus uos ut iuste et pie sancteque uiuentes, cęteris fidelibus in exemplum sitis, et casto corde et corpore sub regula canonica uiuatis. Et propterea (*M*. praeterea) peto ut consideretis et ante mentis et corporis oculos semper 36 habeatis, quid sumus nos et uos. Nonne homines sumus? Et unde homines nisi de humo? Et quid est homo (*M*. humus) nisi puluis et cinis? Et quid erimus nisi quod dictum est, 'Christus

cum aparuerit,' si bene egerimus, 'similes ei erimus,' hoc est
inmortalitate et eternitate? Abnegemus quod sumus, ut incipia-
mus esse quod non sumus. Ergo omne bonum a summo Deo
4 sperandum est, quia nisi Dominus edificauerit domum, in uanum
laborant qui edificant eam. Et nisi Dominus custodierit ciuitatem,
frustra [p. 143] uigilant qui custodiunt eam. Nos ergo petamus,
queramus, pulsemus, quia qui petit accipit, et qui querit inuenit,
8 et pulsanti aperietur. Cogitemus semper ultimum diem nostri
exitus, ornemus fiuem nostrum, et componamus diligenter uitam
nostram, et quantum incerti sumus de obitus nostri die, tantum
parati simus in actione nostra bona, ut quandocunque uenerit, nos
12 semper paratos inueniat. Consideremus et pensemus quam distri-
ctus uenturus est iudex, qui non solum operum sed etiam cogita-
tionum exactor apparebit. Laboremus in opere Dei quantum
possumus, siue (*M.* si non) quantum debemus, quoniam ut ait
16 apostolus, 'Non sunt condigne passiones huius temporis ad futuram
gloriam que reuelabitur in nobis.' Qua de re satagendum est
nobis omnibus (*M.* et omnibus) fidelibus ut ad ipsam gloriam
fideliter curramus. Uestram quoque, o sacerdotes fratresque
20 dulcissimi, moneo sollertiam, ut reminiscamini quam magna
suscepta habetis onera. Animarum namque curam suscepistis,
ideo securitatis uitam deponite, que inutilis est anime et corpori,
quoniam qui animas susceperunt ad regendum, parare se debent
24 ad rationem reddendam in conspectu Dei. Idcirco in quantum
preualetis, tam uerbo quam exemplo, ut prediximus, ammonere
non cessetis uobis commissas oues, ut in iudicio cum propheta
absolu[p. 144]ti dicere possitis, 'Domine, iustitiam tuam non
28 abscondi in corde meo. Ueritatem tuam et salutare tuum dixi.'
Diem ultimum cogitate, et regulam uestram conseruate, uillica-
tionem uestram [c]ompensate, quia de omnibus qui uestra negle-
gentia perierint rationem eritis redditui in die iudicii. Et ut
32 de negotio lucrum reportetis et premium, oportet uos magis
prodesse quam preesse. O spiritales sacerdotes, diligite clerum et
populum uestrum, et nullo modo uobis estimetis propinquiores esse
parentes quam qui uobiscum in domo Dei et opere demorantur,
36 quia ubi amor et dilectio est spiritalis, ibi Deus mediator inhabitat,
qui dixit, 'In hoc cognoscent omnes quia mei estis discipuli, si
dilectionem habueritis ad inuicem.' Uestramque fragilitatem
humiliter considerate, et infirmorum curam atienter portate. In

imperio uestro moderati sitis, ut regula edocet. Similiter moneo
ut opera quę iniungitis discernetis et temperetis. Discretionem
uestram semper cogitate, ut quod fecerint subiecti uestri absque
murmure faciant, ut et animę saluentur, et corpora supra modum 4
non grauentur. Moneo et omnes cleros uobis subiectos ut uobis
humiliter obędiant, et regulam canonicam pro uiribus adimplere
[p. 145] satagant, et absque murmuratione imperio uestro sub-
iaceant, Dominoque dulciter seruiant, quoniam omnis homo potesta- 8
tibus sublimioribus suisque prepositis subditus esse debet, quanto
magis serui Dei obędire humiliter prepositis suis debent? Moneo
etiam ut regulę canonicę memores sint, eiusque pręcepta ante
oculos semper habeant. Nam quis scit quod contingat sibi in hac 12
uita, aut quis umquam inobędiens ad bonum finem peruenerit?
Nobis uero pauor incutitur non modicus, dum legimus sanctorum
multorum in (in *not in M.*) finem fuisse periculum, et post tantos
labores conquisitos etiam de summis ad ima esse precipitatos, 16
quorum casus noster debet esse profectus. Siquidem et primum
hominem per inobędientiam cecidisse legimus. Multa siquidem
atque innumerabilia de his colligi possunt, sed nobis ista modo
sufficiunt, ut in his caueatis ne inobędientiam in aliquo christicola 20
conferetis. Non uobis delectentur delicię superfluę, nisi quantum
corpus sustentare uidetur, et non quantum uoluntas humana
appetere temptatur. Nolite esse cultis uestibus adornati, sed
simplici modo necessitatibus corporis contenti. Sic habeatis disci- 24
plinam, ut non amittatis animam. Nolite esse obliuioni dediti,
nec nulla (*M.* ulla) securitate adhibiti, sed tam corporis quam
[p. 146] animę alimenta preparatę uobis clerisque subiectis uestris,
ut leti semper uobiscum Christo seruiant, sub cuius seruitio se 28
tradiderunt, ut in futuro mercedem recipiatis, et uocem Domini
audiatis, ubi dicatur (*M.* dicitur), 'Quia super pauca fuisti fidelis,
supra multa te constituam, intra in gaudium Domini tui.' Ad
quod gaudium me peccatorem et uos omnes una cum omnibus 32
uobis commissis, Dominus et Saluator noster, precibus omnium
[sanctorum] suorum, perducere inlesos in uitam aeternam dignetur,
qui uiuit et regnat in eternum in secula seculorum. Amen.

LXXVIIII. *Dis ærendgewrit sende sum Cristes þegen to mæsse-* 36
*preostum 7 to oðres hades preostum to heora lifes rihtincge.*

Ðam leofestan mæssepreostum Cristes cyrican 7 biscopum 7

## 88 *The Old English version of the Rule of Chrodegang*

eallum gehadedum endebyrdnyssum þe an þam sylfan godcundan þeowdome drohtniað geond ealne middangeard ic sende ece gretinge an Drihtne, urum Hælende. Wite eower lufu þæt ic eom frefriend 4 7 swiðe wilnige þæt ic wite eowre hæle 7 eowres lifes gesundfulnysse. Se God þonne, þe is ure ealra gemæne, gefylle mildelice eowre gewilnunge to his wuldre 7 to haligre lare eowres lifes. Eornostlice nu we þurh þa uplican mil(d)nysse syn recceras þæs 8 godcundan folces, us gedafenað þæt we geornlice 7 gelome þenceon ymbe þara [p. 147] hæle þe us betæhte synt, 7 Godes gescyldnysse biddon, þe læs we beon genydde beforan þam ecean hyrde þæt we stranglic gescead agyldon, gif we þurh deofles searocræftas wurðað 12 æt þam sawlum beswicene, butan we þone gylt mid rihtlæcinge forehradion. For þi þonne we biddað eow þæt ge rihtlice 7 æwfæstlice 7 haliglice libbon, 7 beoð eallum geleaffullum to bysne, 7 libbað clænre heortan 7 clænon lichaman an eowrum preostregole. 16 ] gyt ic bidde þæt ge besceawion 7 hebbon æfre ætforan eowres modes eagum 7 eac eowres lichaman, hwæt we 7 ge syn. Hu ne syn we men? ] hwanon syn men butan of moldan? ] hwæt is molde butan dust 7 axan? ] hwæt beo we gif we willað wel, 20 butan swa us behaten is þurh þæs apostoles cwyde, ' Ðonne Crist ætiweð, þonne beo we him gelice,' þæt is undeadlice 7 ecelice. Uton wiðsacan þæs þe we syn, þæt we begynnon wesan þæt we gyt ne syn. Eornostlice ælc gód is to hihtenne fram healicum Gode, for 24 þam butan God þa burh getimbrie, an idel deorfað þa þe hi timbriað, 7 buto God þa burh gehealde, an idel waciað þa þe hi healdað. Uton we þonne biddan 7 uton secan 7 uton cnyssan, for þan se ðe bitt, he anfehð, 7 se ðe secð, he fint, 7 þam þe [p. 148] cnyst, bið 28 antined. ] geþencean we æfre þone ytemestan dæg ures forðsiðes, 7 uton geornlice gelogian ure lif, 7 swa micelum swa we syn ungewisse þæs dæges ures endes, swa miclum beo we gearwe an ure godan dæde, þæt swa hwænne swa he cume, þæt he us gearwe finde. Uton 32 besceawian 7 apinsian hu strec dema cymð, þe na þæt an weorca, ac eac swylce geþohta scrudnere wile beon. ] uton swincan an Godes worce swa miclum swa [we] magon, 7 swa swa we sceolon, for þan, ealswa se apostol cwæð, 'Ne sint to wiðmetenne þa 36 þrowunga þisse tide to þam toweardan wuldre þe bið ætywed an us.'

3 *an*] 7 MS.    7 *þæs*] *þ* MS.    14 After *eallū* a letter erased.
16 *hebbon*, so MS    19 *willað wel*] the *b* and *a* are in a diff. hand.
25 *buto*, so MS.    35 *wiðmettene*.

For þi þonne is to gehicgenne us eallum geleaffullum þæt we to
þam wuldre geleaffullice yrnan. Eac ic myngie eowre georn-
fulnysse, þe synt Godes sacerdas 7 mine leofan broð[or], þæt ge
gemunon hu micle byrðena ge habbað underfangen. Witodlice 4
sawla gymene ge underfengon; for þi aworpað eowres lifes or-
sorhnysse, þe is unnyt ægðer ge sawle ge lichaman, for þam se þe
sawla underfehð to reccenne, he sceal gearcian hine sylfne to
agyldenne heora gescead an Godes gesihðe. For þi þonne swa 8
miclan swa ge magon, mid worde 7 mid bysne, swa we bufan
sædon, ne ablynnon ge [p. 149] to myngyenne þa eow betæhtan
sceap, þæt ge an þam dome freolice mid þam witigan magon
cweðan, 'Drihten, þine rihtwisnysse ne behidde ic an minre heortan. 12
Þine soðfæstnysse 7 þine halwendnysse ic sæde 7 cyðde.' Ge-
þencað þone ytmestan dæg, 7 healdað eowerne regol, begymað
eowre scyre, for þam on domes dæg ge sceolon agyldan gescead be
eallan þam þe losiað þurh eowre gymeleaste. ⁊ eow gebyrað þæt 16
ge framion swiðor þonne ge wealdon mid pryton, þæt ge magon
gestreon 7 mede bringon of eowre mangunge. Eala ge gastlican
sacerdas, lufiað eowre preostas 7 eowre folc, 7 (ne) talien ge
nateshwon eowre magas eow gesibbran þonne þa þe mid eow 20
wuniað an Godes huse 7 an Godes worce, for þan þær þær lufu
bið 7 gastlic gesybsumnys, þær bið God to middes, þe sæde, 'An
þam ancnawað ealle men þæt ge mine cnihtas beoð, gif ge soðe
lufe habbað eow betwynan.' Besceawiað eaðmodlice eowre un- 24
trumnysse, 7 forberað geþildelice þa gemene þæra untrumra.
Beoð gemetfæste on eowrum anwealde, swa eower regol tæhð.
Swa eac ic myngie þæt ge besceawion 7 gemetecyon þa worc þe ge
bebeodað; 7 foreþencað æfre eower gescead, þæt eowre under- 28
þeoddan [p. 150] don butan murcnunge þæt hi don sceolon, 7 þæt þa
sawla beon gehealdene, 7 þa lichaman ofer gemet ne beon gehef-
gode. Ic mingie eac ealle eowre underþeoddan preostas þæt hi
eaðmodlice eow hyron, 7 be heora mihtum gehicgen þæt hi gefyllon 32
heora preostregol, 7 butan murcnuncge hyrsumigeon eowrum
anwealde, 7 hyrsumion wynsumlice heora Drihtne, for þam ælc man
sceal beon underþeod ealdrum 7 þam þe ofer hine beoð, hu micele
ma Godes þeowas sceolon eaðmodlice hiran hira ealdrum? Eac ic 36
mingie þæt hi gemunon þæs preostlican regoles, 7 hæbbon his
gebodu æfre ætforan eagan. Witodlice hwa is þæt wite hwæt

3 broð    9 ge] we MS.    18 mangung|unge.    30 gehealdenne.    38 eagan.

him gesceotan scyle an þis life, oððe hwylc ungehyrsum man
hæfde æfre gyt godne ende ? Us is unlytel broga an beléd, þonne
we rædað þæt manigra haligra ende wurdon frecenfulle, 7 æfter
4 miclum geearnuncgum þurh manege gedeorf of healicum geþingum
to neowellicum besceofene, 7 se heora hryre sceal beon ure geþinc-
ðo. Witodlice we habbað geræd þæt se forma man ahreas þurh
unhyrsumnysse. Fela 7 unrime we magon ymbe þæt secgan 7 ge-
8 samniaṅ, ac þas bysna us magon to genogon, þæt we warnion þæt
nan cristen man ne beo befangen mid unhyrsumnysse. Ne lyste
[p. 151] eow þæs oferflowendan welan, butan swa micel (swa ge
magon eowerne lichaman an afercian, 7 nas swa micel) swa eower
12 mennisca lust wile wylnian. Ne beo ge to creasum reafum ge-
frætwade, ac medemlicum be eowres lichamaṅ þe[a]rfe. ꝺ swa
gymað lare, þæt ge ne forlætan þa sawle. Ne beo ge ofergyttole,
ne ne befeolan ge orsorhnysse, ac gegearciað eower underþeoddum
16 preostum ægðer ge lichaman bilyfne ge sawle, þæt hi bliðe mid
eow wunian an þam Cristes þeowdome, þe hi on þeowian sceolon,
þæt ge an þam towerdan mede underfon 7 gehyron Drihtnes stefne,
þær he cwyð, ' Ða þu wære an littlum þingum getrywe, ic gesette
20 þe ofer manege þincg, far an blysse þines hlafordes.' Me synfulne
7 eow ealle 7 (ealle) ure underþeoddan, þurh ealra haligra þing-
rædene, ure hælenda Crist gelæde ungewemmede au þa blisse, þæt
is an ece lif, þær he lifað 7 rixað a butan ende.

24 LXXX. *Alia epistola ad episcopum.*

Dulcissimo domino meo episcopo in Christi nomine salutem
perpetuam. Pater dulcissime, bene ualeas in Christo, et illi
semper placeas. Saluto te et per te omnes cleros tuos: consolare
28 et conforta eos in seruitio Domini nostri Ihesu Christi in quantum
preuales. Moneo prudentiam tuam ut peccantes arguam (*M.* arguas)
coram omnibus, ut timorem ceteri habeant. Qui enim proximorum
mala respicit et tamen [p. 152] silentio linguam premit, eorum
32 mortis auctor fit, quia eos, quando potuerat, curare noluit. Nos
ergo qui in periculoso ordine constituti sumus, attendamus ne
simus inutileš serui. Illius semper memores simus mandati, qui
dixit, 'Hoc est mandatum meum ut diligatis inuicem.' In hoc
36 enim mandato omnium salus consistit; hoc cunctis pernecessarium
esse constat, et maxime his qui gregem Christi ad regendum

10–11 *swa ge ... micel* wr. by the scribe o. l.    13 *þerfe*.

accipiunt. Quapropter, pastor carissime, gregem quem accepisti ad regendum diligenter erudire studeto, et sanctis ammonitionibus eum per pascua uitę deducere satage. Habes in omni opere bono Christum adiutorem, sanctos quoque omnes intercessores. Sicut 4 gubernationem et dispensationem in domo Domini habere uideris, ita tibi subiectos bonis moribus ornari contende, et eos [in] diuina laude deuotissime fac consistere; et quod angeli semper agunt in cęlis, hoc tui cleri iugiter faciant in ęclesiis. Tuum est percipere (*M.* 8 præcipere), illorum obędire; tuum preire, illorum subsequi omnium. Itaque (*M.* subsequi. Omnium itaque) in seruitio Dei una debet esse uoluntas, ut una fiat in regno Dei remuneratio. Nullus horis canonicis se diuinis subtrahat laudibus, ne propter aliquam negle- 12 gentiam alicuius locus in conspectu Dei uacuus inueniatur. [p. 153] Et uerba Dei in ecclesiis intimo cordis affectu proferantur, et cum magna reuerentia Dei omnipotentis officia celebrentur. Omni uerbo (*M.* Omne vero) ministerium Christi humiliter et deuote 16 impleatur. Omnis itaque obędientia in seculi necessitatibus fideliter et strennue peragatur. Fiat equidem inter omnes concordissima pax et sanctissima caritas et deuotio uitę regularis. Seniores bonis exemplis et sedula ammonitione erudiant iuniores, illosque 20 diligant ut filios, et illi quasi patres eos honorificent, illorumque omni alacritate obędiant preceptis. Tua uero, uenerande pastor, conuersatio omnibus sit exemplum salutis. Caueto ut nec minimus (*M.* Cave ne nimis) quis in tua scandalizetur uita, sed 24 edificetur et roboretur in uia ueritatis, quia tibi ex illorum salute merces iudicabitur eterna. Cani capilli extremum denuntiant properare diem; quapropter paratus esto omni hora in occursum Domini Dei tui. Dilectio fraterna et elemosina miserorum et uite 28 castitas preparent tibi gradum in celo. Festis diebus ueniente ad ecclesiam populo, fac eis predicare uerba Dei. Et quocumque uadis, clerici qui seruitium Dei pleniter peragant, tecum eant, sobrietate ornati, non ebrietate assueti, quorum honestas uitę sit 32 aliis doctrina salutis. Curamque ubique [p. 154] habeas, et maxime pauperum, uiduarum, et orfanorum, ut audias in die tremendo a Domino cum aliis elemosinam facientibus, 'Quamdiu fecistis uni ex his minimis, mihi fecistis.' Esto miseris ut pater, 36 et causam ad te clamantium diligenter discute; et parce in te peccantibus, ut Deus tuis parcat peccatis. Esto iustus in iudiciis et misericors in debitis, magister uirtutum, moribus honestus,

uerbis iocundus, uita laudabilis, in omni opere Dei deuotus.
Cleros quoque coortare ut sanctas scripturas diligentissime legant,
non confidant in linguę notitię (*M*. -tia), sed in ueritatis intelli-
4 gentia, ut possint contradicentibus ueritati resistere. Sunt enim
tempora periculosa, ut apostolus predixit, quia multi pseudo-
doctores surgent, introducentes sectas, qui catholicę fidei puri-
tatem impiis assertionibus maculare nituntur. Ideo necesse est
8 ęcclesię plus habere defensores qui, non solum uitę sanctitate, sed
etiam doctrina ueritatis castra Dei uiriliter defendere ualeant.
Has uero pie ammonitionis litterulas non quasi nescienti direxi, sed
ut uere caritatis que est in meo pectore fidem ostenderem. Omni-
12 potens Deus te tuosque carissimos cleros in omni bono proficere
faciat et ad beatitudinem ęternę glorię peruenire concedat, qui
regnat in secula seculorum. Amen.

**LXXX.** *Ðis is to þam biscope.*

16   Þam leofestan biscope, minon ealdre, an Cristes naman ic sende
þurhwunule gretinge. Fæder min leofa, þeoh þu an Criste wel 7
lica æfre him. Ic grete þe 7 wið þe ealle þine preostas : frefra hi
7 gestranga hi an þeowdome ures Drihtnes, hælendan Cristes, swa
20 miclum swa þu mæge. Ic mingie þine snoternysse þæt þu þa
gyltendan þreage beforan eallum, þæt þa oðre him adrædon. Se
þe gesihð his nyhstena yfelu 7 forhæfð his tungan mid swigan, he
bið heora deaðes ord, for þan he nolde hi lacnian, þa þa he mihte.
24 Uton we þonne, þe an swa frecenlicre endebyrdnysse syn gesette,
warnian þæt we ne wurðon unnytte þeowas. ⁊ beon æfre gemindige
þæs bebodes þe Crist cwið, 'Þæt is min bebod þæt ge lufion eow
betwunan.' Soðlice an þissum gebode wunað ure ealra hæl, 7
28 eallum mannum his is neodþearf, 7 swiðost þam þe Cristes ewde
underfengon to healdenne. For (þi) þonne, þu leofesta hyrde, þa
ewde þe þu underfenge to reccenne, lære hig georne, 7 gehoga þæt
þu hi gelæde þurh halige mingunga to lifes læswum. An ælcum
32 godum worce þu hæfst Crist þe to fylste 7 his halgan to fore-
sprecun 7 to þingerum. Ealswa þu hæfst geweald [p. 156] 7 diht
on Godes huse, gediht eac 7 gefrættwa þine underþeoddan mid
godum þeawum, 7 gedo þæt hi estfullice wunion on þære godcundan
36 lufe, 7 þæt þine preostas don an cyrcan þæt englas æfre doð on
heofenum. Ðe gebyrað to hatenne, 7 him to hyrsumgenne; þu

25 *we*] *ge* MS.   29 *þi* wr. o. l. by diff. hand.   33 -*sprecun*, so MS.

scealt beforan gan, 7 hi ealle folgian. Witodlice an Godes þeowdome sceal beon an willa, þæt eft beo an (e)dlean an Godes rice. Ne ætfeorrige man hine sylfne æt þam preostlican tidsangum þam godcundlican lofum, þe læs for ænigre gymeleaste heora æniges 4 stede an Godes gesihðe beo æmtig gemett. ꝥ Godes word an cyrcean sceolon beon forðbrohte of lufe inweardre heortan, 7 þæs ælmihtigan Godes þenunga sceolon beon gemærsode mid micelre arwurðnysse. Ælcum worde Cristes þenung eadmodlice 7 estelice 8 beo gefylled. Sy ælc hyrsumnys an woroldneodum getrywlice 7 caflice gefylled. ꝥ beo betwyx eallum geþwære sybb 7 halig lufu 7 estfullnes lifes be preostregole. Þa yldran mid godum bysnum 7 mid gelomlicre mingunge læron þa gingran, 7 lufion swa heora 12 bearn, 7 þa gyngran wurðion þa yldran swilce heora fæderas, 7 mid eal[p. 157]re glædnysse hyrsumion heora hæsum. ꝥ þin drohtnung, þu arwyrða hyr(d)e, sy him eallum to lyfes bysne. Warna þe eac swilce þæt heora nan ne beo geæswicod þurh þines 16 lifes drohtnunge, ac beo gebett 7 gestrangod an soðfæstnysse wege, for þam þe bið getalod ece (med) of heora hæle. Háre hær bodiað þæs æftemystan dæges tocyme: for þi beo þu ælcan timan gearu angean þines Drihtnes tocyme. Broðorlic lufu 7 yrminga 20 ælmyssylen 7 lifes clænnys gegearciað þe gode wununge an heofenum. Freolsdagum, þonne folc to cyrcan cume, gedo þæt man bodige him Godes word. ꝥ swa hwyder swa þu fare, faron æfre mid þe preostas þe fullice gefyllon þone godcundan þeowdom, 7 þa 24 beon syfre 7 na druncengeorne, þæt heora lifes arwurðnys sy oðerum to lifes bysne. ꝥ hafa æghwar gymene, 7 swiðost ælmesmanna 7 wudewena 7 steopcylda, þæt þu an þam byfgendlican dæge mid oðrum ælmysdondum gehyre æt Drihtne, 'Swa hwæt swa ge didon 28 an[um] þissa gyngstra, þæt ge dydon me.' Beo yrmingum for fæder, 7 þæra neode þe to þe clipion, asmea geornne; 7 ara þam þe wið þe agyltað, þæt God arige þinum synnum. Beo rihtwis an domum, 7 mildheort an gyltum, [p. 158] mægena lareow, an þeawum 32 arwurðe, wynsum an wordum, 7 herigendlic an life, 7 on eallum Godes worce estful. Nyd eac þine preostas þæt hi geornlice leornion 7 rædan halige gewrytu, 7 ne getrywon na an þære tungan getingnysse, ac an þæs andgytes soðfæstnysse, þæt hi magon þam 36 wyðstandan þe angean soðfæstnysse flitan willað. Hit synt nu

8 *þenunge*.   15 *hyre*] $\overset{d}{\text{d}}$ wr. o. l. (by a diff. hand).   18 *mirhðe*] $\overset{t\ med}{\text{t med}}$
o. l. (by a diff. hand?).   29 *an*.

pleolice tida, ealswa se apostol cwæð; manege lease lareowas arisað 7 bringað sacfulle lare 7 pencað mid heora þwurlican cwydon to gewemmenne þæs rihtlican geleafan syfernysse. For þig
4 is þære halgan cyrcan neod þæt heo hæbbe hredderas [þe], na þæt an mid lifes halignysse, ac eac mid soðfæstnysse 7 mid haligre lare magon caflice Godes fyrdwic bewerian. Soðlice ne sende ic þas stafas þisse mildan mingunge na swilce nitendum 7 unlæredum,
8 ac þæt ic æteowde þone geleafan þære soðan lufe þe is an minon bieoste. Se ælmihtiga God gedo þe þeon 7 ealle þine leofan preostas an ælcon gode, 7 geunne þæt ge moton becuman to þære eadignysse eces wuldres, þær he rixað geond worolda worold. Amen.

12 LXXXI. *De doctrina discretionum* (M. *De doctrinæ discretione*).

Non omnibus una eademque doctrina est ad[p. 159]hibenda, sed pro qualitate morum diuersa exortatio erit doctorum. Nam quosdam increpatio dura, quosdam uero exortatio corrigit blanda.
16 Sicut periti medici ad uarios corporis morbos diuerso medicamine seruiunt, ita ut iuxta uulnerum uarietates medicina diuersa sit ; sic et doctor ęclesię singulis quibusque congruum doctrinę remedium adhibebit, et quid cuique oporteat pro etate, pro sexu, ac professione
20 adnuntiabit. Non omnibus ea que sunt clausa aperienda sunt ; multi sunt qui capere non possunt, quibus si minime discrete manifestentur, statim aut detrahunt aut neglegunt. Rudibus populis seu carnalibus plana atque communia, non summa atque
24 ardua predicanda sunt, ne immensitate doctrinę opprimantur potius quam erudiantur. Unde et Paulus apostolus ait, 'Non potui uobis loqui quasi spiritalibus, sed quasi carnalibus ; tamquam paruulis in Christo lac uobis potum dedi, non escam.' Carnalibus quippe ani-
28 mis nec alta nimis de celestibus, nec terrena conuenit predicare, sed mediocriter, ut initia eorum moresque desiderant, edoceri. Coruus dum suos pullos uiderit albi coloris, nullis eos cibis alit, sed tantundem attendit, donec paterno colore [p. 160] nigrescant, et
32 sic illos frequenti cibo reficit. Ita et ęclesię doctor strenuus, nisi eos quos docet uiderit ad suam similitudinem pęnitentie confessione nigrescere, et, nitore seculari deposito, lamentationis habitum de peccati recordatione induere, non aperit intelligentię spiritalis pro-
36 fundiora misteria. Prius docendi sunt seniores plebis, ut per eos infra positi facilius doceantur. Non una eademque cunctis exortatio

3 *cwyd*ę̃] *on* by diff. hd.    4 *hredderas* wr. by the scribe on an erasure.

congruit, quia nec cunctos par morum qualitas astringit. Sepe namque ea quę aliis nocent aliis prosunt, quia et plerumque herbe que hęc animalia nutriunt, alia occidunt; et lenis sibilus equos mitigat, catulos instigat; et medicamentum quod hunc morbum 4 inminuit, alteri uires iungit; et panis qui uitam fortium roborat, paruulorum necat. Pro qualitate igitur audientium formari debet sermo doctorum. Doctor semper uocem predicationis habeat, ne superni expectatoris iudicium ex silentio offendat. Doctor taber- 8 naculum ingrediens uel inde egrediens moritur, si de eo sonitus non audiatur, quia iram Dei contra se exigit, si sine predicationis sonitu incedit. Ranę in aqua sine aqua esse uidentur, et tamen in putridine paludis commorantur, et procaces efferunt uoces et inpatientes 12 et inoportunas (*M.* importunæ); sic hypochritę doctores [p. 161] quasi in aqua sapientię esse uidentur, et in luto heresis tamen uersantur, et contrarias uoces ueritati emittunt, et inoportunę bonis nocent, spiritu demonis agitati, procedunt ad reges terre congregare 16 illos, idem (*M.* id est) impios, inspirant ad pugnam contra sanctos, qui sunt reges iustitię. Licet enim omnis falsitas similitudinem ueritatis usurpet, differt tamen dignitas uere sapientię assimulatione false doctrinę (*M.* a similitudine doctrinæ). 20

LXXXI. *Be gesceadwisnysse lare.*

Nis eallum mannum gelíc lar to cyðenne, ac for þeawa hwylcnysse þæra lareowa myngung sceal mislic beon. Witodlice sume geriht stearc þreaung, sume milde tihting. Ealswa getyde læcas to 24 mislicum þæs lichaman untrumnyssum begað mislice læcecræftas, swa be þæra wunda mislicnyssum, beon þæra læca cræfta mislicnyssa; 7 swa eac þære cyrcan lareow sceal ælcum þæslice lare to lacnunge findan, 7 þæt ælcum to dafnige for ylde, 7 for hade, 7 for andytnysse, 28 him þæt cyðe. Ne synt eallum mannon to geyppenne þa beclysedan þing, for þam manege synt þe hig undergytan ne magon, 7 gif hig him beoð ungesceadlice geswutelode, sona hig oððe hig tælað oððe forgymeleasiað. Niwon folcum 7 flæsclicum opene þing 32 7 gemænlice ma sceal [p. 162] bodian, næs na uplice þing ne stearce, þe læs hi beon mid þære (lare) micelnysse swiðor ofþrihte þonne gelærede. Be þam *Sanctus* Paulus se apostol cwæð, 'Ne mihte ic sprecan wið eow swylce wið gastlice, ac swylce wið 36 flæsclice, 7 ic sealde eow, þe for Criste sint lytlingas, meoloc for

26 *mislicnyssum*] -*nyssa* MS.     32 *folcę̄*.

drinc 7 nanne strangne mete.' Witodlice þam flæsclican modum
ne gedafnað to predicigenne þearle deope þing, ne be heofonlicum
ne be eorðlicum, ac medeme þing, swa þæt heora angynna 7 heora
4 þeawas magon beon to getihte 7 gelærede. Hrefen, þa hwile þe
he gesihð his briddas hwites bleos, ne silð he him nane mettas, ac
gymð hwonne hi æfter heora forðfæderene sweartion, 7 siððan hi
gelomlice sadað mid metton. Swa eac se glæwa cyrcan lareow ne
8 geypð he þa deopan geryno þæs gastlican andgytes þam þe he
lærð, ær he geseo þæt hi be his bysnunge an soðre andytnysse,
7 an soðre dædbote sweorcon 7 sweartion, 7 ale(c)gon þone scinen-
dan woroldgyrlan 7 ymbscrydan hig mid þam woplican gyrlan for
12 heora sinna gemynde. Ærest ma sceal an þam heape þa yldestan
læran, þæt þurh hig þa gingran siððan beon þe eaðlæran. Ne
magon hi na ealle gelîce myngunge habban, for þam hi ne beoð ealle
gelîce geþeawode. For oft þa þincg þe oðrum deriað, þa silfan
16 þing [p. 163] fremiað sumon mannon ; 7 for fela wyrta synt þe
sume nytenu fedað, 7 þa silfan wyrta oðre nytenu acwellað, gif hi
heora abitað; 7 leohtlic hwyslung mæg hors tamcyan, 7 leon hwelpas
gremian; 7 mænig lacnung gewanað sume unhæle, 7 sume geycð,
20 gif hi ma to deð; 7 se hlaf se þe gestrangað þæra strangra manna
lif, he acwelð þa litlingas. For þi þonne be þæra hlystendra
hwylcnysse se lareow sceal his bodunge gefadian. Hæbbe æfre
se lareow gearwe stemne to bodunge, þæt he mid his swigan ne
24 gebylge þæs uplican wlateres dom. Se lareow þe gæð into hwylcere
wununge 7 eft ut gæð, þæt of his muðe ne beo gehyred halig
bodung, he swylt for þam [he] gesamnode Godes yrre agean hine,
þa he ferde butan þære bodunge swege. Wæterfrocgan hwilon hi
28 ma gesihð of wætere, 7 swaþeah secað to fullicum morseohtrum,
7 þær hrimað hludum stefnum 7 ungeþyldelicum 7 ungelimplicum;
swa eac þa gehiwedan lareowas doð, swilce hi an wisdomes wætere
wunian, 7 swaþeah eardiað an þæs gedwildes more 7 meoxe,
32 7 þanon sendað þwurlice stemna agean soðfæstnysse, 7 ungelimplice
hi deriað þam godum; 7 beoð astyrede mid deofles gaste; 7 farað
to woroldcynegum þæt hi þa gesamnian: þæt is, hi getihton þa
arleasan to gewinne agean þa halgan, þa synt riht[p. 164]wisnysse
36 cnihtas. Soðlice þeah ælc leasung hæbbe sume gelicnysse þære
soðnysse, swaþeah twyfyrclað 7 todælð seo arwyrðnys þæs soðan
wisdomes fram licetuncge leasre lare.

29 hrímað.

LXXXII. *De clerico derelinquente clericatum suum.*

Si quis uero clericus, relicto offici sui ordine, laicam uoluerit agere uitam, uel se militię seculari tradiderit, excommunicationis pęna feriatur. 4

LXXXII. *Be þam preoste þe his had forlæt.*

Gif hwylc preosthades manna forlæte þa endebyrdnysse his þenunge, 7 wille his lif adreogan an læwedum hade, oððe hine geþeode silfne to woroldcampe, þreage ma hine mid wite þære 8 amansumuncge.

LXXXIII. *De eo quod non facile uincitur unus de ordine canonico ab alio.*

Siluester dicit, 'Non accolitus aduersus subdiaconum, nec 12 exorcista aduersus accolitum, non lector aduersus exorcistam, non hostiarius aduersus lectorem det accusationem aliquam. Et non dampnabitur subdiaconus, accolitus, exorcista, ostiarius, lector, filios habentes et uxorem, et omnino Christum predicantes, sic dicit 16 mistica ueritas, nisi in vii testimoniis. Et non dampnabitur diaconus nisi in xxxvi, et non dampnabitur presbiter nisi in xliiii.'

[p. 165] LXXXIII. *Be þam þæt man nanne preost mid eaðelicum þingum ne mage gewægnian.* 20

Sanctus Siluester cwæð, 'Ne sceal nan accolitus, þæt is husolþen, forsecgan nanne subdiacon, ne nan exorcista, þæt is halsere, forsecgan nanne accolitum, ne nan rædere forsecgan nanne halsere, ne nan duruweard nanne rædere mid nanre wrohte. ꝺ nelle we 24 na þæt ma gewægnige subdiacon ne husolþen ne halsere ne duruweard ne rædere, þeah hi bearn hæbbon 7 wif, 7 Cristes æ rihtlice bodian, buton ealswa seo gerynlice soðfæstnys cwyð, mid sufon tuncgon. And ne mæg ma nanne diacon gewægnian butan syx 7 28 þrittiga sum, 7 mæssepreost feower 7 feowertiga sum.'

LXXXIIII. *De eo quod debent canonici se precaueri ante tranformationes daemonum.*

Ammonendi sunt clerici canonici ut sint cauti ne a dęmonibus 32 in cogitationum subtilitate seducantur. Propterea et forma diaboli inter clericos obseruetur, ut si quis ad eos ueniat, siue uir siue mulier sit, siue senex siue iuuenis, etiamsi notus siue ignotus sit, ante omnia oratio fiat, ut nomen Domini primum inuocetur, quia 36

H

si fuerit aliqua transformatio demonis, continuo oratione facta defugiet. Et si uero [p. 166] in cogitatione eorum sugg[ess]erint demones aliquid unde laudari aut extolli debeant, non adquiescant
4 eis, sed tunc magis semetipsos humiliant (*M*. -ent) in conspectu Domini, et pro nichilo ducant, cum sibi aliquid inlicitum sugg[ess]erint. Venerunt demones ad quendam monachum nomine Ór in specie cęlęstis militię et habitu angelorum, currus igneos agentes plurimo
8 apparatu, tamquam magnum aliquem regem deducentes. Isque qui a cęteris ut rex haberi uidebatur dicebat ad eum, 'Implesti omnia, o homo, tantum superest tibi ut adores me; et si adoraueris me, transferam te sicut Heliam.' Et monachus Ór hęc
12 audiens dicebat in corde suo, 'Quid est hoc? Cotidie ergo (*M*. ego) Saluatorem meum, qui est rex meus, adoro; hic si esset ille quem adoro, quomodo hoc a me poposceret quod indesinenter me facere sciret?' Post hęc respondit ad ipsum, 'Ego habeo
16 meum regem, quem cotidie sine intermissione adoro, tu autem non es rex meus.' Et continuo ille inimicus ad hęc uerba nusquam comparuit. Item Fortunatus episcopus ex quodam homine inmundum spiritum excussit; qui malignus spiritus cum uesperascente
20 iam die secretam ab hominibus horam cerneret, peregrinum quempiam esse se simulans, circuire cępit ciuitatis plateas et clamare, 'O uirum [p. 167] sanctum Fortunatum episcopum, ecce quid fecit, peregrinum hominem de hospitio suo expulit; quęro ubi requiescere
24 debeam, et in ciuitate eius non inuenio.' Tunc quidam in hospitio suo cum uxore suo (*M*. sua) et paruulo filio ad prunas sedebat, qui uocem audiens, et quid ei episcopus fecerit requirens, hunc inuitauit hospitio, et sedere eum secum iuxta prunas fecit. Cumque uicissim
28 aliqua confabularentur, idem malignus spiritus paruulum filium eius inuasit, atque in eisdem prunis proiecit; ibique mox eius animam excussit. Qui orbatus miser uel quem ipse susciperit, uel quem episcopus expulisset, agnouit.

32 LXXXIIII. *Be þam þæt preostas hi warnien wið þa scynlican hiwinga deofla prættes.*

Preostas synt to myngienne þæt hi beon wáre þæt hi ne wurðon beswicene fram deoflum þurh geþanca smealicnysse. For þi
36 betwyx preostum for deofles hiwuncge ma hilt þone gewunan þæt, cume to him se þe cume, beo hit wer, beo hit wif, beo hit eald, beo hit geong, beo hit cuð, beo hit uncuð, þæt se man hine ærest

þinga gebidde, 7 Drihtnes nama beo an fruma ingeciged, for þan beo
hit ænig deofles hiwung, heo sceal sona þurh þæt halig[e] gebed
fordwinan. ꝼ gif him deoflu hwæt on heora geþance lære, hwanon
hi modigian magon [p. 168] oððe prutian, ne geþwærion hig þam, 4
ac þonne swiðor geeaðmedon hig silfe an Godes gesihðe, 7 for naht
þæt talion, þonne him swylc unalyfedlic þing bið lǽred. Hwilon
comon deoflu to sumum munuce se wæs genemned Ór, 7 wæron
gehiwode to heofonlicre fægernysse 7 an engla gegyrlan, 7 læddon 8
fyrene scrydu mid micelre gearcunge, swylce hi sumne mærne
cynincg feredon. Þa cwæð se to þam munuce þe þær cynincg ofer
þa oðre ealle geþuht wæs, 'Þu man, þu gefyldes[t] nu ealle bebodene
þincg, nu is to lafe þæt þu gebidde þe to me; 7 siððan þu þe to me 12
gebeden hæfst, ic ferige þe up ealswa Heliam.' Þa se munuc Ór
þis gehyrde, þa cwæð he an his heortan, 'Hwæt mænð þis? Ælce
dæge ic gebidde me to minon Hælende, þe is min cyning; gif þis
wære se, for hwi wolde he biddan þæt ic dyde þæt þæt he wiste 16
þæt ic dæghwamlice dyde unateorigendlice?' Þa æfter þam þa
andswarode se munuc him 7 cwæð, 'Ic hæbbe minne cyning, to
þam ic me dæghwamlice butan ælcre wandinge to gebidde, 7 þu to
soðe ne eart min cyning.' ꝼ sona se feond mid þis[sum] wordum 20
fordwan. Eft Sanctus Bonefacius biscop draf þone fulan gast of
sumon men; þa se fula gast geseah þæt hit an þære æfentide wæs
stylle betwyx mannum, þa gebræd [p. 169] he hine sylfne, swylce
he wære sum ælþeodig man, 7 eode gind þa stræta hrymende, 24
7 cwæð, 'Eala se haliga wer 7 se gesæliga biscop, hwæt he hæfð
gedon, he draf þone ælþeodigan ut of his inne, 7 nu ic sece hwar
ic mage me gerestan, 7 an ealre his burge ne mæg ic hit findan.'
Þa sæt sum ceorl an his huse to his gledan mid his wife 7 mid his 28
geongan suna, 7 gehyrde his stefne, 7 fran hine, hwæt se biscop
him dyde, 7 siððan laðode hine into his huse, 7 let hine sittan
mid him to þam gledan. Þa amancg þam þe hi him an oðer
betwynan spræcon, þa eode se sylfa awyrgeda gast on þæs ceorles 32
geongan sunu, 7 awearp hine on þa sylfan gledan; 7 þærrihte sona
cwehte ut his sawle. Þa ageat openlice se earma bearnleasa ceorl
hwæne he underfencg, oððe hwæne se biscop ut hæfde adræfed.

1 *fruma*, so MS.   2 *halig*.   3 *lære*, so MS.   11 *gefyldes*.   20 *þis*.

# II

# FRAGMENT OF CHRODEGANG'S RULE.

[MS. Addit. 34652, British Museum.]

[fol. 3] . . . nan ne gebidað hi heofona rice.  Se drun
. . . . . . . ð naðer ne fæder ne moder . ne freond ne
. . . . . . . scead betwyx gode 7 yfele . ne he fyr ne a
4 . . . . . . . rdes ogan.  Swa byð þa swicolan broðra 7 þa
. . . . . . . hogiað godes circan ne hi ne toscyriað god
. . . . . . . e ondrædað þ swurd þisses andweardan lifes
. . . . . . . lle fyr.  þonne se man druncen byð ne
8 . . . . . . . lice begyman naþer ne his geþances . ne

LXI. *De Clericis.*

. . . . . . . ecclesiasti ministerii gradi*bus* ordinati
. . . . . . . clerici nominantur.  Cleros aute*m* *uel* cleri
12 . . . . . . . tos doctores no*st*ri dicunt . quia mathias sor
. . . . . . . ue*m* p*ri*mum p*er* apo*st*olos legimus ordinatum.
. . . . . . . llis temporibus ecclesiar*um* principes ordi
. . . . . . . gebant.  Nam cleros . sors int*er*pretatur
16 . . . . . . . s . grece cleronomia apellatur . *et* heres
. . . . . . . nde ergo clericos uocari aiunt . eo quod in
. . . . . . . do*m*ini dicuntur *uel* pro eo quod ipse do*minus* sors eor*um*
. . . . . . . criptu*m* est loquente do*m*ino ; Ego hereditas eor*um*
20 . . . . . . . t qui de*u*m hereditate possident . absq*ue* ullo
. . . . . . . ruire studeant . *et* paup*er*es sp*iri*tu esse con

[fol. 3ᵇ] hlote gecorenne.  Cleros on grecisc getac . . . .
glisc . þanan yrfeweardnysse on greeisc c . . . . . . . . . .
24 7 se yrfeweard hatte cleronomius.  For þi . . . . . . . . .
grecisc clericos hatað . þ is on englisc hlyte . . . . . . .
synt getalede 7 genemde to drihtne . . . . . . . . . . . .
þ heora dryhten sy heora gehlott . e . . . . . . . . . . .

1 Cp. above, p. 74³⁴.    4 *rdes*] only the second stroke of the *r* remains.
8 The letter before *lice* seems to have been *n*.

ten is be drihtne sprecendum. Ic eom c . . . . . . . . . .
ra yrfeweardnysse for þi gerist þ ða . . . . . . . . . . . . .
to yrfeweardnysse þ hi hogian þ hi go . . . . . . . . . . . .
woroldhremminge. ꝫ habban þurh ead . . . . . . . . . .  4
fena gast þ hi rihtlice magon cweþan . . . . . . . . . . .
sceope. Drihten is dæl minre yrfeweard . . . . . . . . .
His igitur lege patrum cauetur. REGV . . . . . . . . . .
ut a uulgari uita reclusi . a mundi uolu . . . . . . . . . .  8
ant. nec spectaculis nec pompis intersi . . . . . . . . .
lica fugiant. priuata non tantum pudi . . . . . . . . .
colant. Vsuris nequaquam incumbant . . . . . . . . . .
occupationes lucrorum f(r)audisque cuiusq . . . . . . . .  12
Amorem peccunie . quasi materiam cunct . . . . . . . .
ant. Secularia officia . negotiaque abician . . . . . . . .
per ambitionem non subeant. Pro beneficiis . . . . . . .
nera non accipiant. Dolos et coniuration . . . . . . . . .  16

# III

# FRAGMENT OF AN OLD ENGLISH VERSION OF THE CAPITULA OF THEODULF TOGETHER WITH THE LATIN ORIGINAL.

[MS. Bodley 865, fol. 97.]

... lic, ð(e) næfre gystas on husærne onfoð, buton sellendlices gysthuses med ær apinsod sý, 7 þæt God don hæt for andfenge heofena rices, for gestreone eorþlicra þinga beodon.

4 [XXVI]. *De periurio.*

Predicandum est etiam ut periurium fideles caueant, et ab hoc summopere abstineant, scientes hoc grande scelus esse, et in lege, et in prophetis, siue in euangelio prohibitum. Audiuimus enim 8 quosdam parui pendere hoc scelus, et leuem dixisse quodam modo periuris pœnitentię modum inponi debere ; sed talem poenitentiam illis inponere debetis, qualem et de adulterio, de fornicatione, de homicidio, de ceteris criminalibus uitiis. Si quis uero perpetrato 12 periurio aut quolibet criminali peccato, timens poenitentię longam erumnam, ad confessionem uenire noluerit, ab ecclesia repellendus est, siue a communicatione et consortio fidelium, ut nullus cum eo comedat, neque bibat, neque oret, neque in sua domo eum recipiat.

16 To bodianne is eac swylce þæt geleaffulle wið manað warnien 7 fram þam healice forhæbben, witende þæt hit is mycel scyld, 7 on ǽ 7 on witigum 7 on Cristes bec forboden. We gehyrdon soðlice sume men lyt [fol. 97ᵇ] understandan ðas scylde,

As the Latin passage from the second half of Cap. XXV, corresponding to the first few lines of the O. E. version, is missing in the Bodleian MS., I here give it from Migne, *Patrol. Lat.* CV, col. 199: *Sciant sane quicunque hospitalitatem amant, Christum se in hospitibus recipere. Nam ille modus hospitalitatis non solum inhumanus, sed etiam crudelis est, quo nunquam hospes in domum ante recipitur, nisi prius dandi hospitii merces compensetur et quod Dominus agere iussit pro perceptione regni coelestis, pro acquisitione terrenarum rerum agatur.*

1 ð̇] the *e* is in a diff. hand.   4 The Capitula are not numbered in the MS.

7 cweþan þæt sumum gemete manswarum leoht dædbote gemet scile beon onset; ac swylce dædbote him ge sceolon onsettan, swylce be ǽwbrice 7 be forligere 7 be manslihte 7 be oðrum heafodleahtrum. Gyf hwylc soðlice, þurhtogenum mánaþe oþþe 4 ahwylcre heafodlicre synne, ondrædende dædbote lange yrmþe, to andetnesse cuman nele, fram cirycean he is to anydanne 7 fram gemænsumunge 7 midhlyte geleaffulra, þæt nan mid him ete ne ne drince, ne ne gebidde, ne on hys hus hine onfó. 8

[XXVII]. *De falso testimonio.*

Dicendum est eis ut a falso ętiam testimonio abstineant, scientes quia hoc grauissimum scelus est, et ab ipso Domino in monte Synai prohibitum, dicente eodem Domino, 'Non falsum testimonium 12 dixeris,' et in alio loco legitur, 'Testis falsus non erit inpunitus.' Sciat se etiam quisquis hoc perpetrauerit aut tali poenitentia purgandum, ut superius dictum est de periurio, aut tali dampnatione aut excommunicatione dampnandum, sicut superius dictum 16 est. Dicendumque est illis quod summa, non dicam stultitia, sed nequitia [fol. 98] est pro cupiditate argenti et auri aud uestimentorum aut cuiuslibet rei, aut quod creberrime contingere solet, propter ebrietatem, in tam grande scelus corruere, et ut (*M.* corruere 20 ut aut) septem annis in arta erumna sit, aut ab aecclesia sit repulsus, dicente Domino, 'Quid prodest homini si lucretur totum mundum et anime sue detrimentum faciat?' Quippe cum et aliis uideatur pius existere, et sibimet ipsi crudelis existat. 24

To secganne him is þæt hi eac swylce fram leasre cyðnesse hy forhæbben, wytende þæt ðæt hefegost scyld is 7 fram Gode selfum on ðære dune Synai forboden, cweþendum þam ylcan Drihtne, 'Na lease cyþnesse þu sege,' 7 on oþre stowe is sǽd, 28 'Leas cyþere ne byð ungewitnod.' Wite hine eac swylce swa hwylc swa ðis þurhtyhþ, oððe swylc(e)re dædbote to afeormiane swa bufan gesǽd is be mánaþe, oððe swylcere genyþrunge oþþe amansumunge to gehynanne swa bufan gesǽd is. 7 to secganne 32 him is þæt we ne cweþað þæt hit healic dysig sy, ac healic mán þæt man for gytsunge goldes 7 seolfres oþþe reafa oþþe æniges þinges, oððe þæt oftust gesǽlþ, ðurh druncen, on swa mycele scyld befealle, 7 oþþe seofen gear he sý [fol. 98ᵇ] on n(e)arowre 36 yrmþe, oþþe he sy fr(a)m cyricean anyd, Drihtne cweþendum,

1 After *gemet* an *e* erased.

'Hwæt framað men þeah he gestryne ealne middangeard 7 his sawle forwyrd dó.' Witodlice þonne he oðrum bið geþuht arfæst wuniende, 7 him selfum wælhreow wunaþ.

4 [XXVIII]. *De disciplina.*

Hortamur uos paratos esse ad docendas plebes. Qui scripturam scit, predicet scripturam ; qui uero nescit, saltem hoc quod notissimum est plebibus dicat, ut declinent a malo et faciant bonum,
8 inquirant pacem et sequantur eam, quia oculi Domini super iustos et aures eius in preces eorum, uultus autem Domini super facientes mala, ut perdat de terra memoriam eorum. Nullus ergo sé excusare poterit quod non habeat linguam unde possit aliquem
12 edificare. Mox enim ut quemlibet errantem uiderit, prout potest, aut arguendo aut obsecrando aut increpando, ab errore eum retrahat, et ad peragendum bonum opus ortetur. Cum uero Domino opitulante ad sinodum in unum conueniemus, sciat nobis unusqui[s]-
16 que dicere quantum Domino adiuuante laborauerit, aut quem fructum adquisierit. Aut (*M.* Et) si quis forte nostro adiutorio indiget, nos cum caritate ammoneat, et nos cum caritate nihilominus ei adiutorium [fol. 99] ferre non differamus.

20 We myngiaþ eow þæt ge gearwe syn folc to læranne. Se þe halige boc cunne, bodige halige boc ; se þe soþlice ne cunne, huruþinga þæt cuþost is he folcam secge, þæt hy cirren fram yfele 7 don god, secen sibbe 7 fylgen þa, for þam þe eagan Dryhtnes
24 ofer ryhtwyse 7 earan hys æt hyra bénum, 7 Dryhtnes andwlita ofer wyrcende yfelu, þæt he forspille of heorþan hyra gemynd. Nán eornostlice hyne beladian mæg þæt he næbbe tungan hwanon he mæge ænigne getimbrian. Sona soþlice swa he
28 ænigne dweliendne gesihþ, swa swa he mæge, oþþe þreagende oððe halsiende oþþe cidende fram gedwolan he hyne ongean teo, 7 to gefremmane gód weorc hine tyhte. Þonne we soþlice Drihtne fultumiendum to sinoþe on an becumaþ, wite anra gehwilc us to
32 secganne hu micel Drihtne gefilstendum he swunce, oþþe hwylcne wæstm he gestrinde. Oþþe gyf hwylc of belimpe ures fultumes behofað, us mid soþre lufe he myngie, 7 we mid soþre lufe eac swa he him fultum to þurhteonne na ne ylden.

36 [XXIX]. *De oratione.*

Admonere debetis fideles ut adsiduitatem et [fol. 99ᵇ] studium

25 *andhwlita.* 26 *eorstnolice.—næbbe*] n alt. from *h*

*together with the Latin original.* 105

habeant orandi. Ipse autem orandi modus talis esse debet, ut primum dicto symbolo quasi fidei sue recensitó fundamento, dicat quisquis est tribus uicibus, 'Qui plasmasti me, Domine, miserere mei.' 'Deus, propitius esto mihi peccatori,' et compleat orationem 4 dominicam. Si ergo locus aut tempus exigerit, deprecetur sanctos apostolos siue martyres ut pro eo intercedant; et armata fronte signo crucis eleuatis oculis cum corde et manibus Deo gratias agat. Si uero tempus ad hec omnia peragenda minus sufficiens fuerit, 8 sufficiat tantum, 'Qui plasmasti me, Domine, miserere mei.' 'Deus, propitius esto mihi peccatori,' et oratio dominica tantum cum gemitu et contritione cordis.

Myngian ge sceolon geleaffulle þæt hi syngalnesse 7 gecneord- 12 nesse hæbben to gebiddanne. Þæt gemet soðlice to gebiddanne sceal swylc beon, þæt ærest gesædum gebede þæt we credo nemnað, swylce his geleafan staþole getealdum, cweþe swa hwylc swa hyt sy þriwa, 'Ðu þe me gesceope, Drihten, gemyltsa me.' 'God, milde 16 beo þu me synfullum,' 7 gefylle þæt drihtenlice gebed þæt we nemnað pater no*st*er. Gif he eornostlice þæt rum 7 þone æmtan hæbbe, þonne bidde he þa haligan apostolas 7 martyras þæt hi for hyne þingien; 7 gewæpnedu*m* andwlitan [fol. 100] mid 20 rodetacne upahafenum eagum mid heortan 7 handum Gode þancas do. Gif soþlice seo tid eal þis to gefremmanne ungenihtsum beo, genihtsumie þæt án, 'Þu ðe me gesceope, Drihten, gemildsa me.' 'God, milde beo ðu me synfullum,' 7 pater no*st*er mid geomrunge 24 7 heortan forbrytednesse.

[XXX–XXXI]. *De confessione.*

Omni etenim die Deo in oratione nostra aut semel aut bis aut quando (*M.* quanto) amplius possumus, confiteri debemus peccata 28 nostra, dicente prophete, 'Delictum meum cognitum tibi feci, et iniustitias meas non abscondidi. Dixi, confitebor aduersum me iniustitiam meam Domino, et tu remisisti impietatem peccati mei.' Facta etenim confessione cum gemitu et lacrimis Domino in 32 oratione, recitandus est psalmus ·l· siue ·xxiiii· seu ·xxxi·, atque alii ad eandem rem pertinentes, et sic conplenda est oratio. Quia confessio quam sacerdotibus facimus hoc nobis adminiculum adfert, quia accepto ab eis salutari consilio, saluberrimis poenitentie 36 obseruationibus siue mutuis orationibus peccatorum maculas

20 and*a*wlitan] the *a* in a diff. hand and the *i* partially erased.

deluimus. Confessio uero quam Deo soli facimus in hoc iuuat, quia quanto nos memores [fol. 100ᵇ] sumus peccatorum nostrorum, tanto horum Dominus obliuiscitur; et quanto nos horum obliuisci-
4 mur, tanto Dominus reminiscitur, dicente eo per prophetam, 'et peccatorum tuorum non memorabor.' Tu autem memor esto quod Dauid propheta se fecisse testatur cum dicit, 'Quoniam iniquitatem meam ego cognosco, et peccatum meum contra me est semper.'
8 Confessiones dandę sunt de omnibus peccatis quę siue in opere siue in cogitatione perpetrantur. Octo sunt principalia uitia, sine quibus uix ullus inueniri potest. Hec sunt: prima gastrimargia, hoc est uentris ingluuies, secunda fornicatio, tertia accidia
12 siue tristitia, quarta auaritia, quinta uana gloria, sexta inuidia, septima ira, octaua superbia. Quando ergo quis ad confessionem uenerit, debet inquiri diligenter quomodo aut qua occasione peccatum perpetrauit, quod peregisse se confitetur, et iuxta modum
16 facti debet pęnitentia iudicari. Debet persuaderi ut de peruersis cogitationibus faciat suam confessionem. Debet ei etiam iniungi ut de octo principalibus uitiis faciat confessionem suam, et nominatim debet ei sacerdos unumquodque uitium dicere, et suam de eo
20 confes[fol. 101]sionem accipere.

Ælce dæg witodlice we sceolon Gode on urum gebede æne oþþe tuwa, butan hwa oftor mæge, andettan ure synna, swa se witega cwæð, 'Minne gylt cuðne þe ic dyde, 7 unrihtwisnessa mine ic
24 ne behydde. Ic cwæð, ic andette ongean me unrihtwisnesse mine Drihtne, 7 þu forgeafe arleasnysse synne minre.' Gedonre andetnysse mid geomrunge 7 tearum Drihtne on gebede, to singanne is se fiftigoða sealm, oþþe se feower 7 twentigoða, oððe
28 se an 7 þritigoða, 7 oðre to þam sylfum þingce belimpende, 7 swa to gefyllanne is þæt gebed. For þam seo andetnes þe we mæssepreostum doð ús fultum bringð, for þam onfangenum halwendum geþeahte fram him, halwendestum dædbote begymenum oþþe
32 gemænum gebedum synna wommas we adylgiað. Seo andetnes þe we Gode sylfum doð framað to þam þæt, swa we urra synna gemyndigran beoð, swa hi swiðor God ofergyt; 7 swa we hi swiðor ofergytað, swa God hi swiðor geman, him sylfum cweþen-
36 dum þurh witegan, 'ȝ synna þinra ic ne geman léngc.' Gemún þu soðlice þæt Dauid se witega cyþ þæt he dyde, þonne he cwyð, 'For þam unrihtwisnesse mine ic ón[fol. 101ᵇ]cnawe 7

37 þu hy. MS.

sin min (on)gean me is symble.' Andetnessa to syllane synt be
eallum synnum þe oþþe on weorce oþþe on geþance ðurhtogene
beoð. Eahta synt frymþlice leahtras, buton þam earfoþlice ænig
mæg beon gemet. Þys hy sindon: se forma is gyfernis, þæt is
wambe frecnes, oþer (for)liger, þridda asolcennes oþþe unrotnes,
feorþa gytsung, fifta idel wúldor, syxta anda, seofeþa yrre, eahtoþa
ofermodnes. Ðonne eornostlice hwa to scryfte cymþ, he sceal
beon ahsod geornlice hu oþþe of hwylcum intingan he þa synne
þurhtuge þe [he] andet þæt he gedón hæbbe, 7 æfter gemete
ðære dæde him sceal dædbot beon demed. He sceal beon læred
þæt he be þwyrum geþohtum do his andetnesse. Him sceal eac
swylce beon to geþeod þæt he be eahta frymþlican leahtrum do his
andetnesse, 7 se mæssepreost him sceal be naman anra gehwylcne
leahter secgan, 7 be þam his andetnesse onfon.

[XXXII]. *De misericordia.*

Esurientes satiandi sunt, sitientes potandi, nudi operiendi, in-
firmi et qui in carcere sunt uisitandi, et hospites colligendi, dicente
Domino, 'Esuriui enim, et dedistis mihi manducare; sitiui, et [fol.
102] dedistis mihi bibere,' et cet[er]a. Nam hec omnia et in
se quisque debet spiritaliter agere, et in aliis carnaliter adimplere,
quia pene nihil prosunt hec omnia ad uitam eternam capessendam,
si luxuriose, si superbe, si inuide, et ne singula replicem, si
uitiose et inordinate uiuat et a ceteris bonis operibus uacet. Qui
ergo uidet se Christum non habere, qui dixit, 'Ego sum panis
uiuus qui de celo descendi,' et caritatem, quę est pastus anime,
non habet, esurit quidem; sed si semper bona (*M.* si per bona) opera
Christo adiungit (*M.* adj. se), et caritatis se dulcedine replet, esurien-
tem omnino se pauit. Qui doctrina Spiritus Sancti et scripturarum
sanctarum fluentis carens est, sitit quidem; sed si se fl[u]entis uerbi
Dei inriget, et mentem suam spiritalis poculi dulcedine ebriet, et
(*M.* iste) se sitientem potat. Qui uidet se iustitia siue ceteris
bonorum operum exibitionibus nudatum, et induit se iustitia siue
ceteris uirtutibus, nudum se procul dubio uestit. Si quis in lecto
uitiorum iacet, et morbo iniquitatis sue laborat, et funibus pecca-
torum suorum constrictus est, et uitiorum suorum obsitus pariete

1 *symble.* 4 *f:orma*] between *f* and *o* a letter erased and the *a* on an
erasure. 9 *he* not in MS. 19 *ceta.*

in tenebris iniquitatis sue est, infirmus quidem est; sed si delicto
uitiorum per confessionem egreditur, et per [fol. 102ᵇ] pęnitentie
lamenta uinculis peccatorum absoluitur, et ad lucem bonorum
4 operum egreditur, infirmum et in carcere positum se procul dubio
uisitat. Si in huius uitę uia uidet se laborare, et uitiorum procella
et (et *not in M.*) quasi quadam aeris intemperie inquietari, et rece-
ptaculum bonorum operum non habere, sciat se in itinere positum
8 hospitio egere; et (*M.* at) si se ad uirtutum domum deducet, et sese
in earum tutamine recipiet, hospites (*M.* -tem) quidem suscipit.
Quę omnia cum sibi spiritaliter exhibet, Christum in se, cuius ipse
membrum est, pascit, potat, uestit, uistitat (*M.* visitat), ac suscipit.
12 Hingriende synt to gefyllanne, þyrstende to drencanne, nacode
to forhelianne, untrume 7 þa þe on cwærterne beoð to geneosianne,
7 cuman in to gelaðianne, Drihtne cweþendum, 'Ic hingrode soðlice
7 ge sealdon me etan.' Witodlice þas ealle eac swylce on him
16 selfum gehwa sceal gastlice dón, 7 an oþrum flæsclice gefyllan, for
þam þe forneah naht fremiaþ þas ealle ece lif to begytanne, gif he
gallice 7 ofermodlice 7 andiendlice 7 strudgendlice [fol. 103] his
lif drohtnað, 7 gif he leahterfullice 7 unendebyrdelice lyfað, 7 fram
20 oþrum godum weorcum æmtigað. Se þe eornostlice gesihð þæt he
sylf Crist næfð, þe cwæð, 'Ic eom hlaf lifiende þe óf heofonum
stah,' 7 soðe lufe, seo is saule foda næfð, se hingreð witodlice; ac
gif he symle gode worc Criste to geþeodeþ, 7 of soðre lufe swetnesse
24 hine gefylð, hyne sylfne hingriende eallinga he fét. Se þe lare
haliges Gastes 7 haligra boca flodum þoliende byð, witodlice hine
þyrst; ac gif he hine of flodum Godes wordes gindlecþ, 7 his mod
of gastlices drinces swetnysse drencð, he him sylfum þyrstendum
28 drinc gyfð. Se þe gesihð hine sylfne rihtwisnesse oþþe oðrum
godra worca gegearwungum nacodne, 7 he scryt hine mid rihtwis-
nesse oþþe oþrum mægenum, hine sylfne buton tweon he scryt.
Gyf hwa on bedde hys leahtra liþ, 7 of adle his unrihtwysnesse
32 dȳrfþ, 7 mid rapum hys synna gebunden byþ, 7 mid wealle hys
leahtra beset on þystrum his unryhtwysnesse byð, untrum witod-
lice he is; ac gyf he of bedde his leahtra þurh andetnesse ut gæþ,
7 þurh dædbote heofas of bendum his synna unbunden byþ, 7 to
36 [fol. 103ᵇ] leohte godra weorca út gæþ, hine selfne untrumne 7

1 *iniquitatis—delicto*] read *de lecto*. M. has *de luto*. 6 *aeris*] *a*
altered from another letter. 20 *eornost*-] the *s* by the scribe on an erasure.
22 After *seo* an *h* has been added in another hand above the line.

on cwearterne asetne buton tweon he geneosað. Gyf he on þyses lifes wege gesyhþ þæt he dyrf[e], 7 of leahtra ystum 7 swylce of sumre lyfte hreohnesse gedrefed byþ, 7 andfengcstowe godra weorca næfþ, wite he þæt he on siþfæte aset gysthuses wædlaþ; 4 7 gyf he hine selfne to mægena huse gelædeþ, 7 hine on hyra gebeorhge onfehþ, cuman witodlice he onfehþ. Ða ealle þonne he hy him selfum gastlice gegearwaþ, Crist on him, ðæs lim he is, he fedeþ 7 drencþ 7 scrydeþ 7 (ge)neosaþ 7 onfehþ. 8

[XXXIII]. *Ut parentes suos filios doceant.*

Ammonendi sunt fideles sancte Dei ecclesię ut filios suos et filias suas doceant parentibus oboedientiam exibere, dicente Domino, 'Fili, honorifica patrem tuum.' Nám et ipsi parentes erga filios suos 12 ac filias [*M.* f. suas] modeste debent agere, dicente apostolo, 'Nolite ad iracundiam prouocare filios uestros.' Nám et hoc dicendum est eis ut, si illi genitali affectu parcere uelint in uirgis filiis (*M.* iniuriis filiorum), non hós (*M.* has) inpune Dominus sinit, nisi forte digna 16 pęnitentia exhibeatur, quia leuius est filiis parentum flag[e]lla suscipere quam Dei iram incurrere.

To myngianne synt geleaffulle haligre Godes gesom-[fol. 104] nunge þæt hy hyra suna 7 dohtra læren þæt hy hyrsumnesse hyra 20 yldrum magum gegearwien, Drihtne cweþendum, 'Sunu, weorþa fæder þinne.' Witodlice eac þa magas sceolon ymbe hyra bearn gemetfæstlice dón, apostole cweþendum, 'Nellen ge to yrsunge gegremian eowre bearn.' Witodlice eac þæt him is to secganne 24 þæt, gyf hy for gecyndlicre lufe arian willað on gyrdum hyra bearnum, na Drihten þa witeleaslice læt, buton of belimpe þæslic dædbot gegearwod sý, for þam þe leohtre is þam bearnum mága swingcela to geþolianne þonne Godes yrre on to beyrnanne. 28

[XXXIV]. *De karitate.*

Ammonendus est populus quos (*M.* quod) hec sit uera caritas quę Deum diligit plusquam se, et proximum tamquam se, et qui (*M.* quæ) nihil uult alii facere, nisi quod sibi uult fieri, et plura quę recensere 32 longum est. Nam quicumque in potu et cibo et dandis atque accipiendis rebus esse caritatem putant, non mediocriter errant, dicente apostolo, 'Regnum Dęi non est cibus et potus.' Nam et

2 *dyrf.*    4 *aset*] *æset.* MS.    8 *geneosaþ*] the *ge* added in another hand above the line.    17 *flaglla.*    28 *beyrnanne*] the scribe began to alter the *a* to *œ*.    30 *icaritas.*

ipsa, quando cum caritate fiunt, bona sunt et inter uirtutes conputanda.

To myngianne is folc þæt hi undergyten þæt þæt is [fol. 104ᵇ] soð
lufu þæt man God lufie swiðor þonne hine selfne, 7 his nyhstan
swa swa hine selfne, 7 ðæt he nelle oðrum don, buton þæt he
wille þæt him sylfum sæle, 7 fela þe lang is to atellanne. Witodlice swa hwylce swa wenað þæt soð lufu sy on æte 7 on wæte
oþþe on oþrum anfondlicum 7 sellendlicum þingum, na hwonlice
hie dweliað, cweðendum apostole, 'Godes rice nis mete 7 drync.'
Witodlice eac þa selfan, þonne hie mid soþre lufe beoð, hi beoð
gode 7 ongemang mægenu to tellanne.

12 [XXXV]. *De seruitio dei.*

Ammonendi sunt qui negotiis ac mercationibus rerum inuigilant,
ut non plus terrena lucra quam uitam cupiant sempiternam. Nam
qui plus de terrena re quam de anime salute cogitat, ualde a uia
ueritatis oberrat, et iuxta quendam sapie[n]tem, in uita sua perdidit intima sua. Sequendus est enim in parte hac, sicut et in
ceteris, apostol[ic]us sermo, qui ait, 'Et ne quis supergrediatur
neque circumueniat in negotio proximum suum, uindex est Deus
de his omnibus.' Sicut enim ab his qui laboribus agrorum et
ceteris laboribus uictum atque uestitum et necessaria usibus
humanis adquirere inhianter instant, decime [fol. 105] et elemosinae dande sunt; ita his quoque qui pro necessitatibus suis negotiis
insistunt, faciendum est. Unicuique homini Deus dedit artem qua
pascitur, et unusquisque de arte sua, de qua corporis necessaria
subsidia habet, animę quoque, quod magis necessarium est, subsidium administrare debet.

28 To mingianne synt þa þe manggungum 7 þinga ceapungum
onwaciaþ, þæt hie na swiþor eorðlice gestreon þonne ece lif gewilnien. Witodlice se þe swiþor b[e] eorðlicum þingce þonne be his
sawle hæle ðincgþ, swiðe fram soðfæsþnesse wege he dweleþ, 7
32 neah sumes wises wordewide, on his life he forlíst his innoþas.
To filgeanne is soþlice on þison dæle, swá swá on oþrum þingum,
seo apostollice spræc, se cwæþ, '7 þæt nan ne oferga ne ne
beswíce on mangunge his nihstan, forþam þe God is w(r)ecend be
36 þisum eallum.' Swa swa witodlice fram þam þe of geswincum
æcera 7 oþrum geswincum andlifene 7 scrud 7 nidbehefu men-

16 *sapietem.* 18 *apostolus.* 27 *administraret.* 30 *beorðlicum.*
37 *geswincum*] the *n* on an erasure.

niscum bricum to begitanne geornlice onstandaþ, teoþunga 7
ælmessan to sillanne syndan; swa fram þam witodlice þe for
heora neodum mangungum [fol. 105ᵇ] onwuniað, to donne is.
Æghwylcum men God sealde cræft of þam he fed byþ, 7 anra 4
gehwylc of his cræfte þe he his lichoman neadbehefe fultumas
hæfþ, þære sawle witodlice, þæt is nydbehefre, he sceal fultumas
þenian.

[XXXVI]. *De confessione.* 8

Ebdomada prima ante initium Quadragessimę confessiones sacer-
dotibus dande sunt, poenitentia accipienda, discordantes recon-
ciliandi, et omnia iurgia sedanda, et dimittere debent debita in-
uicem de cordibus suis, ut liberius dicant, 'Dimitte nobis debita 12
nostra, sicut et nos dimittimus debitoribus nostris.' Et sic ingre-
dientes in beatę Quadragessimę tempus mundis et purificatis men-
tibus ad sanctum Pascha accedant, et per poeni[ten]tiam sé renouent,
que est secundus baptismus. Sicut etenim baptismus peccata, ita 16
et pęnitentia purgat. Et quia post baptismum peccator denuo
non potest baptizari, hoc medicamentum a Domino pęnitentię
datum est, ut per eam uice baptismi peccata post baptismum delu-
antur. Septem modis peccata dimitti scripturę sancte demon- 20
strant. Primo in baptismate, quod propter remissionem pecca-
torum datum est. Secundo per martyrium iuxta [fol. 106] illud
quod ait psalmista, 'Beatus uir cui non inputabit Dominus pecca-
tum.' Iuxta eiusdem Dauid sententiam quia remittuntur peccata 24
per baptismum, teguntur per penitentiam, non imputantur per
martyrium. Tertio per elemosinam iuxta Danielem, qui profano
Nabochodonossor regi ait, 'Peccata tua elemosinis redime in miseri-
cordias (*M.* -diis) pauperum.' Et illud, 'Ignem ardentem extinguit 28
aqua, et elemosina extinguit peccatum.' Et Dominus in euangelio,
'Uerumptamen date elemosinam, et ecce omnia munda sunt uobis.'
Quarto, si remittat quis peccanti in se peccata sua, iuxta illud,
'Dimittite et dimittetur uobis, date et dabitur uobis. Et 'pater 32
uester dimittet uobis peccata uestra, si remiseritis unusquisque
(*M.* unicuique) de cordibus uestris.' Quinto, si per predica-
tionem uestram (*M.* suam) quis et per bonorum operum exerci-

15 *poenitium.* 17 *purgat* wr. twice, the first crossed through.
24 The scribe has here omitted some words. M. has *Quia juxta ejusdem
David sententiam,* '*Beati quorum remissæ sunt iniquitates et quorum tecta
sunt peccata.*' *Remittuntur peccata per baptismum . . .*

tium alios ab errore suo conuertat, iuxta illud quod ait apostolus,
'Quoniam si conuerti fecerit quis peccatorem ab errore uię
suę, saluabit animam eius a morte, et cooperit (*M.* operiet)
4 multitudinem peccatorum.' Sexto per caritatem, iuxta illud,
'Caritas Dei cooperit multitudinem peccatorum per Iesum
Christum Dominum nostrum.' Septimo per poenitentiam, iuxta
quod ait Dauid, 'Conuersus sum in erumna mea, dum configitur
8 spina.'

[f. 106 ᵇ] On þære ærestan ucan ær Lenctenes anginne andetnissa
mæssepreostum syndon to syllanne, dǽdbot to onfonne, twyrǽde to
gesibbianne, 7 ealle saca to gelipianne, 7 men sceolon giltas gemǽ-
12 nelice forgifan on hira heortum, þæt hy þe freolicor cweþen, 'Forgif
us giltas ure, swa swa we forgifaþ giltendum urum.' 7 swa in-
gangende on eadiges Lenctenes tide clænum 7 afeormodum modum
to haligre Eastran genealæcan, 7 ðurh dǽdbote hi silfe geedniwien,
16 seo is þæt æftre fulwiht. Swa witodlice fulwiht, swa eac dædbot
synna dilgaþ. 7 for þam þe æfter fulwiht[e] synful edniwan ne mæg
beon fullod, þes læcedóm dǽdbote fram Drihtne is seald, þæt þurh
þa dǽdbote æfter þam fulwihte sinna syn afeormode. Þæt seofon
20 gemetum synna beon forgifene halige béc gesweotoliað. Ǽrest
on fulwihte, þæt is for sinna forgifenisse geseald. Oþre siþe þurh
martyrdom neah þam þe se sealmsangere cwæþ, 'Eadig byð se wer
þe him Drihten his sinna ne oþwit.' 7 neah þæs ylcan Dauides
24 cwide þæt sinna beoð þurh fulwiht forgifene, 7 hy beo(ð) þurh
dædbote oferhelede, 7 þurh martyr[f. 107]dóm hy ne beoð
oþwitene. Þriddan siðe þurh ælmessan, swa Daniel þam awyr-
gedan cyninge Nabochodonosor sæde, 'Sinna þine mid ælmes-
28 sum þu alýs on þearfena mildheortnyssum.' 7 elleshwær is
gecweden, 'Weter acwencð byrnende fyr, 7 ælmesse acwencð
sinne.' 7 Drihten cwæð on his godspelle, 'Þeahhwæðre syllaþ
ælmessan, 7 efne nu ealle þingc eow beoð clæne.' Feorðan siþe,
32 gif hwa forgifð þam þe on[g]ean hyne agilt, swa swa hit gerædd
is, 'Forgifaþ 7 eow bið forgifen, syllað 7 eow bið seald.' 7 eft
'Fæder eower forgifð eow eowre sinna, gif eowra anra gehwilc of
his heortan forgifð.' Fiftan siþe, gif þurh eowre bodunge 7 godra
36 worca bigenc hwilc oþerne fram his gedwylde geciró, neah þam þe
se apostol cwæð, 'Gif hwa sinnfulne of gedwilde his weges geciró,
he gehælð his saule fram deaðe, 7 oferheleð his sinna mænigu.'

11 *gelipianna.* 12 *þ*] 7*þ.* 17 *fulwiht.* 24 *beo(ð)*] ð by diff. hd. 32 *onean.*

dom hy nebeoð oþſacie· hraðan yðe þurh ælmyſſan
ſwa daniel þam aryſigdan cyninge nabochodo no
for ſæde· þinu ſint mid ælmyſſū þu alyſ on þæm
þam mid hreþe nyttū· Telleþ hwæt iſ gecweden· þæſ
acþeneð byþ unroe for· þ ælmyſſe acþeneð ſinne· foroþ
dri cwæð on hiſ godſpelle· þeah hwæðre þ ylleſ ælmyſ
ſan· iſ nu ealle þing eop beoð clæne· foriðan ſiþe
gif hwa for god þu þe on ſin hyne aglc ſwa ſwa hit
ge wæd iſ for ſyraþ· iſ for bið for grſt· ſyllað· iſ for bið
ſtub· iſ þe fæſt ſoþſ· for grð eſ ſwire þinu· gif þr
þu anþa gehwilc of hiſ heorten for grð· ſi ſænſi
þe gif þurh twywe boounge· gewa forca biſtre hwilc
of ſune þu hiſ geſylde gewyd· neah þam þ ge up
ſtol cwæð· gif hwa ſunfulne of g opilde hiſ þæſſ ge
cwd· heſ hweð hiſ ſaule fra deaðe· ioſh heleð hiſ
ſinna meniği· Sixtan þiþe þurh ſoðe lufu· neah þu
þe hiſ appricð iſ· godſ ſibb· ofſh wruð ſinna menigi
þurh hælſtne cyninge dryhten urne· Siſhcoðun
ſide þurh dædbote· neah þam þe dauid cwæð· Ic
þæſ ge apped on minre ſynde þu me þæſ þorn
on uſtſhnod· DFXLVX

Ipſa lucem quadrageſſima cum ſumma obſeruatione

Sixtan siþe þurh soðe lufu, neah þam þe hit awriten is, 'Godes sibb oferwrihð sinna mænigu þurh hælendne cyninge, Drihten urne.' Eahtoðan siðe þurh dædbote, neah þam þe Dauid cwæð, 'Ic wæs gecirred on minre yrmðe þa me wæs þorn on afæstnod.' 4

[XXXVII]. *De Quadragessima.*

Ipsa autem Quadragessima cum summa obseruatione [fol. 107$^b$] custodiri debet, ut ieiunium in ea, preter dies Dominicos, qui abstinentia (*M.* -tiæ) subtracti sunt, nullatenus resoluantur, quia ipsę 8 (*M.* resoluatur q. ipsi) dies decimę sunt anni nostri, quos cum omni religione et sanctitate transigere debemus. Nulla enim in his occasio sit resoluendi ieiunii, quia alio tempore solet ieiunium caritatis causa dissolui, istis uero nullatenus debet. Quia in alio tempore 12 ieiunare in uoluntate et arbitrio cuiuslibet positum est, in hoc uero non ieiunare preceptum Dei transcendere est. Et in alio tempore ieiunare premium abstinentie adquirere est; in hoc uero, preter infirmos aut paruulos, quisquis non ieiunat, poenam sibi adquirit, 16 quia eosdem dies Dominus et per Moysen et per Heliam et per semetipsum sacro ieiunio consecrauit.

Soþlice þæt Lengtenfæsten mid healicre begimene is to healdanne, þæt, buton Sunnandagum, þa forhæfdnesse oftogene sint, na tý þeshwon 20 fæsten sý abrocen, for þam ða dagas syndon teoðunga ures geares, þa we sceolon mid eallre æfestnesse 7 halignesse adreogan. Ne sy soðlice nan intinga on þyssum dagum fæsten to abrecanne: for ðam ðe [fol. 108] on oþrum tidum is gewuna for soþre lufe intingan 24 fæsten beon tolysed, on þysum soðlice hit ne sceal beon abrocen. For þam on oþre tide fæsten on selfes willan 7 dome æghwylces is asét, on þysum soþlice se ðe ne fæst, he Godes bebod forgymþ. ꝉ on oþre tide se þe fæst, he forhæfdnesse mede geearnaþ; on þysum 28 soðlice, buton seocum 7 cildum, swa hwylc swa ne fæst, he wýte him gestrynð for ðam þa selfan dagas Dryhten ge ðurh Moysen ge þurh Elíam ge ðurh hine selfne on haligum fæstene gehalgode.

[XXXVIII]. *De aelymosina.* 32

Diebus uero ieiunii elemosina facienda est, et cybum siue potum quo quisque uti debuit, si non ieiunaret, pauperibus eroget, quia ieiunare et cybos prandii ad cenam reseruare, non mercedis, sed ciborum est incrementum. 36

24 ðe on [fol. 108] on oþrum.   36 After *incrementum* the heading *Item* erased.

Fæstendagum soðlice ælmesse is to donne, 7 þone mete oþþe drinc þe gehwa self brucan sceolde, gyf he ne fæste, he þearfum dæle, for þam ðe hit nis nanre mede, ac me(t)ta ge[e]acnung, þæt 4 hwa fæste 7 his undernmete oð æfen sparie.

[XXXIX]. *Item.*

Solent plures qui se ieiunare putant, mox ut signum [fol. 108ᵇ] audierint ad horam nonam, manducare, qui nullatenus ieiunare 8 credende (*M.* -ndi) sunt, si manducauerint antequam uespertinum celebretur officium. Concurrendum est enim ad missas, et auditis missarum sollempniis siue uespertinis [officiis], largitis elemosinis, ad cybum accedendum est. Si uero aliquis necessitate constrictus 12 fuerit, ut ad missam conuenire non ualeat, ęstimata uespertina hora, completa oratione sua, ieiunium absoluere debet.

Manega gewuniað þe wenaþ ðæt hy fæsten, sona swa hy nón- hringc gehyraþ, ðæt hy to þære nigoðan tyde etaþ, ða naty- 16 þeshwon sint to gelyfanne þæt hy fæsten, gyf hy etaþ ær æfenþenung sy gebremed. To efstane is soþlice to mæssan, 7 gehyredum mæssan symlum 7 æfensangum, 7 ælmessum gesealdum, to mete is to genealæceanne. Gyf soþlice hwylc mid neode gebunden sý, þæt 20 he to mæssan becuman ne mæge, gewenedre æfentyde, hys gebede gefylledum, he sceal fæsten tolysan.

[XL]. *De abstinentia.*

Abstinentia uero in his diebus poene omnium diliciarum esse 24 debet, et sobrie et caste uiuendum est. Qui uero ouis, caseo, butyro, piscibus, uino abstinere [fol. 109] potest, magne uirtutis est. Qui autem his, aut infirmitate interueniente aut quolibet opere, abstinere non potest, utatur, tantum ut ieiunium usque ad uesperum 28 sollempniter celebret; et uinum non ad ebrietatem, sed ad re- fectionem corporis suis (*M.* sui) sumat. A caseo uero, lacte, butiro, et ouis abstinere, et non ieiunare, dementissimum est et ab omni ratione semotum. Uini enim ebrietas et luxuria prohibitę sunt, 32 non lac et oua. Non enim ait apostolus, 'Nolite comedere lac et oua', sed, 'Nolite inebriari uino, in quo est luxuria.'

Forhæfdnes soðlice on þysum dagum sceal beon forneah ealra esta, 7 syferlice 7 clænlice is to lybbanne. Se ðe soðlice fram 36 ægrum 7 cyse 7 buteran 7 fixum 7 wine forhabban mæ[g], he is

3 *meta*] *t* o. l. in diff. hand.—*geacnung.* 36 *mæ.*

myceles mægenes. Se ðe witodlice fram þam, for untrumnesse oððe ahwylcum weorce, forhabban ne mæg, he bruce, for an þ he þæt fæsten oð æfen symbellice breme; 7 win næs to druncennesse, ac to gereorde his lichaman nyme. Ðæt hwa fram cyse 7 meoluce 4 7 buteran 7 ægrum forhæbbe, 7 ne fæste, is gedwolenlicost 7 fram eallum gesceade ascyred. Soþlice wines 7 ælces wætan dru[n]cennes 7 galnes synt [fol. 109ᵇ] forbodene, næs meoluc 7 ægru. Ne cwæð witodlice se apostol, 'Nellen ge þigcan meoluc 7 ægru,' ac he cwæð, 8 'Nellen ge beon gynddrencede of wine, on þam is galnes.'

[XLI]. *De communicatione.*

Singulis diebus Dominicis in Quadragesima, preter hós qui excommunicati sunt, sacramenta corporis et sanguinis Christi sumenda 12 sunt, et in cena Domini, et in uigilia Paschę, et in die resurrectionis Domini, exceptis poenitentibus, ab omnibus communicandum est, et ipsi dies Paschalis ębdomadę omnes equali religione colendi sunt.

Ælce Sunnandæge on Lencten Cristes lichaman 7 his blodes 16 haligdomas syndon to onfonne, buton fram þam þe amansumode synt, 7 on Þunresdæg ær Eastrun, 7 on Easteræfen, 7 on þæm dæge Drihtnes ærystes, buton dædbetendum, fram eallum is to gemænsumianne, 7 þa dagas ðære Easterlican ucan ealle mid 20 gelicre æfæstnesse synt to weorðianne.

[XLII]. *De lite non habenda.*

In his ieiuniorum uestrorum diebus nullę lites, nullę contentiones esse debent, sed in Dei laudibus et in opere necessario persistendum 24 est. Arguit enim eos qui contentiones et lites Quadragesimę tempore [fol. 110] [exęrcent], et qui debita a debitoribus exigunt, Dominus per prophetam dicens, 'Ecce in die ieiunii uestri inueniuntur uoluntates uestre, et omnes debitores uestros repetitis. Ecce 28 ad lites et contentiones ieiunatis, et percutitis pugno impie.'

On þysum eowra fæstena dagum nænige geflitu, nænige saca sceolon beon hæfde, ac on Godes lofum 7 on neadbehefum weorce is to þurhwunianne. Drihten þurh his witigan ðreaþ þa þe geflitu 32 7 saca on Lenctentyde begáþ, 7 þe wytu fram hyra gyltendum gegyrnað, cweþende, 'Efne nu on dæge eowres fæstenes beoþ

6 *drucennes.*   [10 *De comm.*] *c* altered from *m*.   22 The heading is on the margin in a diff. hand.   23 *uestrorum*] *uorōrū* MS.   26 *exęrcent* not in MS.

gemette wyllan eowre, 7 ealle eowre gyltendras ge hametað. Efne
nu to geflitum 7 sacum ge fæstaþ, 7 ge sleaþ of fyste arleaslice.'

[XLIII]. *De castitate.*

4 Abstinendum est enim in his sacratissimis diebus a coniugibus,
et caste et pie uiuendum est, ut sanctificato corde et corpore isti
sancti dies transigantur, et sic perueniatur ad sanctum diem
Paschę, quia poene nihil ualet ieiunium quod coniugali opere
8 polluitur, et quod oratio et uigilię, siue elemosine non comendant.

To forhæbbane is soþlice on þysum haligostum [fol. 110ᵇ] dagum
fram gemæccum, 7 clænlice 7 arfæstlice is to lybbanne, þæt ge-
halgodre heortan 7 lichaman þas haligan dagas sýn adrogene, 7
12 swa sy becumen to þam haligan dæge Eastran, for þam þe forneah
naht ne framaþ þ fæsten þæt mid gesynscyplicum weorce bið
besmiten, 7 þæt þæt gebed 7 wæccan, oþþe ælmesdæda ne be-
beodaþ.

16 [XLIV]. *De perceptione sacramenti.*

Ammonendus est populus ut ad sacrosanctum sacramentum
corporis et sanguinis Domini nequaquam indifferenter accedant,
nec ab hoc nimium abstineant, sed unusquisque cum omni diligentia
20 atque prudentia elegat tempus, quando aliquandiu ab opere con-
iugali abstineat et a uitiis se purget, uirtutibus exornet, elemosinis
et orationibus insistat, et sic postea cum magno timore et reuerentia
ad tam magnum sacrementum accedat. Igitur sicut periculosum
24 est inpurum quemque ad tantum sacramentum accedere, ita peri-
culosum est ab hoc prolixo tempore abstinere, excepta ratione
eorum qui excommunicati sunt. Nam ab omnibus certo tempore
communicandum est, preter ualde religiosis et sancte uiuentibus,
28 qui poene omni die [fol. 111] id faciunt.

To myngianne is folc þæt hy to ðam þurhhaligum haligdome
Drihtnes lichaman 7 blodes nateþeshwon unforwandienlice genea-
læcen, ne fram þam swiþe forhebben, ac anra gehwylc mid ealre
32 geornfulnesse 7 gleawnesse geceose ða tid, hwænne he sume hwile
fram gesynscyplicum weorce forhæbbe 7 fram leahtrum hine afeor-
mige 7 mid mægenum gefrætwige 7 ælmessum 7 gebedum onwunige,
7 swa siððan mid myclum ege 7 arwyrþnesse to swá mærum halig-
36 dome genealæce. Witodlice swa swa is frecenfullic gehwylcne

8 *polluitur.*     23 *sacrementũ.*     30 -*dienlice,* so MS.

unclænne to swa mærum haligdome genealæcean, swa is frecenfullic fram þam langere tide forhabban, buton gesceade þæra þe amænsumude synt. Soþlice fram eallum gewisre tide is to gemænsumianne, buton ðam swiþe æfæstum 7 haliglice libbendum þe forneah ælce dæge þæt doð.

[XLV]. *De celebratione misse.*

Vt misse que per dies Dominicos peculiares a sacerdotibus fiunt, non ita in publico fiant, ut per eas populus a publicis mis[fol. 111b]sarum sollempnibus, quę hora tertia canonicę fiunt, abstrahatur, quia pessimus est usus, siue in diebus Dominicis, siue in quibuslibet festiuitatibus, mox ut quis missam celebrare, etiam si pro defuncto sit, audierit, abscedit, et per totum diem a primo mane aebrietati et commesationibus potius quam Deo deseruit.

Ðæt þa mæssan ðe gind Sunnandagas sindrie fram mæssepreostum beoð, na swa in opennesse beon, þæt ðurh ða folc from openum mæssena symblum, þe on ðære þryddan tide regollice beoþ, beo fram abroden, for þam ðe wyrst gewuna is, oþþe on Sunnandagum oþþe on gehwylcum freolsdagum, sona swa hwylc gehyrð mæssan breman, eacswylce þeah heo beo for forðfarenum, he awég gewit, 7 gynd ealne dæg fram ærnemergenne druncennisse 7 oferfyllum swyþor þonne Gode þeowaþ.

[XLVI]. *De hora licita.*

Ammonendus est [populus] ut ante publicum et (et *not in M.*) peractum officium ad cybum non accedat, et ut omnes ad publicam (publicam *not in M.*) sanctam matrem aecclesiam missarum sollempnia et predicationem audituri [fol. 112] conueniant, et sacerdotes per oratoria nequaquam missas nisi tám caute ante secundam horam celebrent, ut populus a publicis sollempnibus non abstrahatur. Sed siue sacerdotes qui in circuitu urbis aut in eadem urbe sunt, siue populus, ut prediximus, in unum ad publicam missarum celebrationem conueniant, exceptis Deo sacratis feminis, quibus non est fas ad publicum egredi, sed claustris monasterii contineri.

To myngianne is folc þæt hit ær openlicre 7 geendudre þenunge to mete ne genealæce, 7 þæt ealle to openlicre haligre meder, þæt is to þære halgan cyrcan, mæssena symblu 7 bodunge to gehyranne becumen, 7 mæssepreostas gynd gebedhus nateþeshwon buton swa wærlice ær þære oðre tide bremen, þæt þæt folc fram openlicum

symblum ne sý fram abroden. Ac oþþe ða mæssepreostas ðe on
þære burge embehwyrfte oððe on þære sylfan burg syndon, oþþe
folc, swa we for[e]sædon, on an to openlicre mæssena weorþunge
4 tosomne becumen, buton Gode gehalgedum wifum, þam [fol. 112ᵇ]
nis þæslic þæt hy to opennesse ut gán, ac hy sceolon on mynstres
clusum beon behæfde.

3 *forsædon.*

# IV

# THE EPITOME OF BENEDICT OF ANIANE.

[MS. Cott. Tiberius A. iii, fol. 164.]

*A KALENDIS AVTEM OCTOBRIS VSQVE IN PASCHA hora nona hoc faciunt. A pascha autem usque ad kalendas octobris hora tertia hora undecima ; Omni autem tempore in aecclesia summum silentium fiat.* 4

ut asyndredum þam þe to earan godes hyreð     na    of
    *excepto      hoc quod ad aures  dei  pertinet ; Nullus ex*
gebroðrum  oðerne of agenum  naman     gecie    ac  swa swa
 *fratribus  alterum     puro     nomine   appellat : sed   sicut* 8
se regol  bebyt   þa yldran  iungran  heora             gecien
 *regula  precepit   seniores  iuniores  suos   fratres  uocent*
þa iyngran              arwurðe  gecien         fæderlicere
 *iuniores uere seniores suos  nonnos  uocent quod est paterna* 12
arwurðnessa  abbod       þone hlaford        hi gecigend
 *reuerentia ; Abbate  uero  domnum  et patrem      uocent ;*
aðswara   elles  he ænig  forð na bringe  butan  gelif  me
 *Iuramentum aliud nullum    proferat   nisi   crede mihi.* 16
       we rædaþ           þam samaritanisce
*quod in euangelio  legimus  dominum mulieri    samaritane*
wife geseþan  oððe openlice þæt oftrædlice
  *adfirmasse aut   plane quod   sepe    sanctum agustinum* 20
we rædon  geseðan   oððe soðes oððe elles hwæt
 *legimus testificasse.  aut certe :  seu  aliud quod  monachorum*
  gewuna         oððe swa swa      sæde         swerian
*est consuetudo iurandi siue   sicut  dominus dixit nolite iurare* 24
eallunga ne þurh          heofonan  ne  þurh eorðan
 *omnino  neque* [f. 164b] *per  celum. neque per terram sit*
     swa hit is.  hit nis na swa   þæt
*autem sermo uester   est. est.    non. non.    quod autem his* 28
  mara     fram yfelo is. gif broður bið geþread  ealdre
 *habundantius est  a   malo est. Si frater  increpatur a priore*

22 *seu*] *s* altered from *c.*

fram gehwylcum oððe fram oðrum gehwylcum oððe fram
*qualicumque aut ab alio quolibet uel certe a*
iyngran gif bið arasod fram oðrum gehwylcum þinge þærrihte mid
4 *iuniore reprehenditur. pro alia qualibet re statim cum*
healice hrædnessa he bidde forþam þeos ylce
*summa uelocitate cadens ueniam postulet quia haec eadem*
eadmodnes þe bið gegearcod 7 he gif hit of
8 *humilitas deo exhibetur non homini. et si ex*
heortan bið mildsunge gegearnod gedafenað
*corde fuerit cito indulgentiam merebitur; Oportet omnino*
þæt gehyrsumiende him hi beon heom 7 bið
12 *ut oboedientes sibi sint inuicem et ipsa obedientia*
mid rihtum geþance atiwed bið gebodeden heo is weg
*si recto corde ostenditur. deo offertur. ipsa est uia*
se ðe læd to life hrædlicor bið gehyred on gebed
16 *que ducit ad uitam; Citius enim exaudit*ur *una oratio*
þæs gehyrsuman þonne tyn þusenda forhicgendis. þonne
*oboedientis quam decem milia contempnentis; Cum uero*
gehyrsumiað se iyngra secge þam yldran
20 *sibi obediant fratres ubicumque iunior dicat priori*
achyldum heafde se iyngra sittende forðgangendum
*inclinato capite benedicte; Iunior sedens transeunte*
ealdre arise gif se yldra wylle sittan se iyngra þeahhwæðere
24 *seniore surgat; Si senior uoluerit sedere. iunior tamen*
buton gehaden na sitte æfter urum regole. gif
*nisi iussus non sedeat. iuxta regulam nostram; Si*
ge acwaciað ænine agen oþerne andan oððe
28 *cognoueritis aliquem ex fratribus contra alium inuidiam. aut*
yrre lytel oððe unrotnessa healdan
*iram modicam uel tristitiam in corde retinere. statim*
he si geþread 7 he si gerihtlæht 7 he for swa feala dagas
32 *corripiatur et emendetur. et quantos* [f. 165] *dies*
þæt beon swa he forgimeleasede swa lange forhæbbe 7
*hoc fieri neglexerit tantos abstineat; Et si*
eadmodlice 7 gif gegripð 7 he bidde mid
36 *humiliter se reprehendit. et ueniam postulauerit. cum*
mildheortnesse he si gedemed þonne se hlaford abbod oððe soðes
*misericordia iudicetur; Cum domnus abbas aut certe*
oðer of ealdrum ænigum ænig weorc don
40 *alius ex senioribus alicui ex fratribus aliquid opus facere*

he byt  underfo se iungra  mid healicere eadmodnesse bebeodendes
*precipit suscipiat  iunior  cum  summa   humilitate   iubentis*
   bebod   sig   eare   caf   to   gehyranne   ac  swylce
   *imperium  sit  auris  pro[m]pta  ad  audiendum.  ac  si* 4
godcundlice si gesæd  beon      rihte  7  handa     aþenode
*diuinitus   dicatur.  sint pedes directi.* (et) *manus uero expedite*
to   donne   7 he geeadmett secce          gefylledum weorce
*ad faciendum.  et humiliatus dicat benedicite   expleto   opere* 8
agen gecyrrende mid eadmodnesse he secce swa gelice
   *reuertens   cum  humilitate   dicat   similiter  benedicite;*

                         þonne  se iynra asyndrað fram þam yldran
*Et (dicat) sem*per *quando  iunior  separat.  de    seniore* 12
           swa gelice þonne hine  eft   he geþeod swa he do
*benedicite similiter   cum   se  iterum  iuncxerit  sic faciat;*
ut gangende of huse oððe   gegæderunge  he secge
*Egrediens  de domo. aut de conuentu.   dicat benedicite.* 16
7 eftsona agen cyrre he geeadmette               þonne
*et iterum  reuertens  humiliet se.  et dicat benedicite. Quando*
æni þinc  agynð  he secge         þeah  þeh he  ana   sig
*aliquid  inchoat  dicat  benedicite. etiam  si  solus sit* 20
he secge       for þam    æihwara andweard he is agifen
*dicat benedicite. quia  deus ubique  presens  est  reddere*
æghwylcum of heortan biddendum             gif ænig þing
*unicuique ex corde   postulanti benedictione*m;  *Si aliquid* 24
on  hedderne  on beoderne  on  cicenan  oððe  on ænigum
*in  cellario.  in refectorio.  in  coquina  uel  in quolibet*
stowe        forgimeleasaþ gif he forspilð gif  he agyt gif
*loco   frater    neglexerit.   si   perdiderit (si)  fuderit (si)* 28
he tobrycð oððe    ˙lyre   on gebringð sona   he angean cume
*fregerit.   aut  dampnum   intulerit.  statim    recurrat*
          to for       biddende    7 gif hit swilc þinc is
[fol. 165b] *ad ueniam postulandam. et si talis   res est* 32
þe he forgemeleasode on handa he healde on eorðan astreht
*quam   neglexerit      in  manu  teneat.   in terra prostratus*
        biddende foregifennesse atiwende hwæt  gelumpe
*ueniam     postulando      ostendens  quid  contigerit;* 36
he warnie hine sylfne be woruldlicum þince     oferflowedlicum
*Caveat    se   de       seculari     uel      superfluo*
leahtre be gelomlæcan spræce mid freondum      7
*risu; De  frequenti  locutione cum  amicis. et parentibus et* 40

19 *agynð*] y alt. f. i.    21 *he is*] the first stroke of the *h* is prolonged below the line. The scribe first intended to write *þ*.

gif neod  bið  þæt he elles rihtlice  ne  mage þæt he na
*si necesse fuerit  ut  aliter  recte  esse non possit; Ut  non*
sprece ana mid were buton andweardum 7 gehyrendum oðrum
4 *loquatur solus cum uiro.  nisi  presentibus et audientibus aliis*
gebroðrum be ðara geleafan gewis  truwa. 7 þæt swyðost
*fratribus de quorum  fide  certa sit fiducia; Et hoc maxime*
on iunclicgum si gehealden  ē  æmtiges  þearle
8 *in iuuenibus obseruetur; Mens uero deo uacantis autem multum*
bið gelæd  woroldlicra  spræca  na  gan  wiðinnan
*impeditur  secularium  allocutione; Non  uadant  imfra*
mynstre  wide  swa hwar swa  hi wyllað buton þær þær
12 *monasterium  passim  ubicumque  uoluerint. nisi  ubi*
gehyrsumnesse  anes  gewilces  him sylfa betæht  foð
*oboedientia  unius  cuiusque  sibi  iniuncta  exigit  uel*
bebyt  æniges broðor stefn healic  ne si gehyred
16 *imperat; Nullius fratris  uox  alta  in monasterio  aud[i]atur;*
nan  weorc þeh þe hit  si gesawan butan  þafunge
*Nullus opus  etiamsi  sibi bonum  uideatur  sine permissione*
oððe  bletsunge  ealdres  don he na gedyrstlæce na þinc syllan
20 *uel  benedictione prioris agere  presumat;  Nihil  dare*
agenlic
*aut accipere sine permissione abbatis; Se nihil habere proprium*
butan þæt se abbod sealde oððe  geþafode  non a
24 *nisi quod  abbas  dederit aut habere per::miserit presumat;*
genihtsumie aura gehwylcum on mete 7 on drence oððe on reafe
*Abundet  unicuique  in cibo et  potu.  uel uestimento*
swa miclum  swa bebyt  se þe  mare
28 *quantum  regula ministrari p[re]cepit; Qui autem plus habere*
wyle  intingan  agen hine diglodes feondes ures
*uoluerit. occasio*[fol. 166]*nem con[tra]  se  occulti  hostis nostri*
astyrian he ondræde  ænig  to  oðran  ænig  forð gewitene
32 *excitare  pertimescat; Nullum ad alium aliquod  preteritum*
synne  wite  se ealdor gif he syhð forgimeleasian
*uel turpe peccatum inproperet; Senior si  uiderit  neglegere*
iungran he þreage  ær  betwux  him 7  him  ænes
36 *iuniorem. corripiat eum prius  inter  se  et alium semel*
oðer sidan  giltum soðes be
*secundo. uel tertia de leuioribus tamen culpis. nam de*

5 *gebroðrum* on left margin. An erasure over *fratribus*. 19 *gedyrstlæce*]
*d* alt. from *g*.

| | | | | | | |
|---|---|---|---|---|---|---|
| sumum | hefinessum | gif he | hit gebyraðˈ | þa | | |
| aliquibus | grauibus | si | contingit. | que opere perpetrant | | |

sona   gebetan   gedafenaðˈ   æfter   þam   þone   þrean
statim   emendare   oportet   secundum regulam ;   Quem castigare 4

þe he wyle   he na   tobrydde       gestaþolfæstnian
uult   non   infringat.   sed magis leniter   solidare

he hogie       gyltes   for þam oft biðˈ tobroden
studeat. secundum qualitatem neglegentis   quia sepe frangitur 8

wyrse   limes   bige   þæt biðˈ ungeplice gewriðen for þam
deterius   membri   fractura   quod incaute   ligatur ;   Pro

un   7 deriendlicum clænum geþohtum
inmundis uero et   nociuis   cogitationibus   semper ad con- 12

hi agen cuman betere is   þæt   þe wreian
fessionem   recurrant ;   Melius est enim ut diabolum accusemus

þonne he us for ðˈam gif   we gesutuliaðˈ his unrihtwisan
quam ille nos.   quia   si semper manifestamus iniquam eius 16

tihtan   læsse   derian þe mæi eadmodlice andswerian
suggestionem.   minus nos nocere poterit ;   Humiliter respondeant

heom   sylfan   to gebedhuse   tida   minsterlice
sibi   inuicem   fratres ;   Cito ad   oratorium   hora   canonica 20

gehyrendum   clylle hi agen cuman hi na   flitaðˈ   eallunga
audito   signo   recurra[nt] ;   Non contendant   omnino

for ðˈam þam ceastfullan þe tostendaðˈ   geferrædene
quia   contentiosi   dissipant   aecclesiam dei   nostri ; 24

spræc seo godspellice       þæs   bysna
Nam dicit sermo euuangelicus de domino nostro cuius exempla

fylian we sculan ne he   na flæt   ne ne clypode ne ne gehyrde
sequi debemus.   neque contendit.   neque clamauit.   neque audiuit. 28

ænig   on strætum stefne spræca   his   ær   tide
quis [fol. 166^b]   in plateis uocem sermonum eius ;   Ante horam.

oðˈðˈe   æfter tide   naht metes oðˈðˈe drinces hi na underfo
aut   post horam.   nihil cibi aut potus accipiant. 32

ut asyndrodum untrumum 7   cildrum   þæra   wacmodes
exceptis   infirmis et   infantibus quorum   inbecillitas

fram þam ealdre is toforan sceigende ne na   tæle   ne na
a   priora   consideranda est ;   Nec detrahat quis.   nec 36

tælenne undergite       7 na
detrahentem sentiat ;   Pacem seminate inter uos semper ;   et non

twirædnesse worodlice spellunga feor sin oðrum
*discordiam; Seculares fabule (longe) sint a uobis; Ceteris*
tidum 7 gesettum tidum weorc hi na forgimeleasian
4 *horis et constitutis opera manuum non neglegant.*

for þam þe he is oðrum tidum
*quia uirtus est anime et corporis ceteris iterum horis*
rædinge fullice hi geemtian 7 gif beon hit man on anum
8 *lectioni pleniter uacent; Et si fieri potest in uno*
claustre hi sittan þæt hi sylfe geseonde hi þræian 7 hi under
*claustro sedeant. ut se inuicem uidentes coherceant. et sub*
swian rædan 7 þæt an to oðran ne si geþeod buton
12 *silentio legant. et ne unus ad alium coniungatur. nisi*
nedbehefnesse to lærenne bidde swa þeahhwæþer þæt he na
*necessitas docendi exposcerit ita tame[n] ut sine*
butan unstilnesse oðres do on sumorlicere tide æfter
16 *inquietudine alterius faciat; Æstiuo enim tempore post*
gereordunge anra gehwylc to agenum he ut ga bedde mid
*prandium unusquisque ad proprium exeat lectum cum*
healicum wærscipa buton æniges gedrefednesse oððe he ræde
20 *summa cautela. et sine alucuius perturbatione aut legat.*
oððe he slape ænig his ænig þinc na secge
*aut dormiat; Nullus ex fratribus suum aliquid dicat*
oððe þinc ænig þincg oððe lim lichaman ac æfre
24 *aut rem quamlibet. aut membrum. corporis sed semper*
ure þæt þæt an he gedafenað agen min
*nostrum; Hoc solummodo oportet dicere proprium. mea*
gilt þa þinc þe beoð forgifene
28 *culpa; Omnia que donantur. communia esse nobis*
sceolan sin of ure tydernesse forð stepð
*debent; Peccatum uero ex nostra fragilitate procedit;* [fol. 167]
to foresceawienne þearle is þæt hæs
32 *Prouidendum magno opere est. ut iussio domni abbatis*
be gehwylcum þince hohfullice si gefylled for þeos sylfe
*de qualicumque re sollicite impleatur. quia hic eadem*
gehirsumnesse gif mid rihtum geþance bið gefremed þam ðena bið
36 *obedientia si recto corde perficitur non*
him aþenod se ðe ðe bit ac gode se ðe hæt 7
*illi amministratur qui precipit. sed deo qui iubet; Et*

2 *longe* add. by gloss. o. l.     4 *non* added by glossator on left margin.

þæt gif þæt feor sig bið forgimeleasod oððe on heortan oððe
*si quod absit neglegatur. aut corde aut*
on weorce raðe se iungra to forgifennesse agen cume beodenne
*opere cito iunior ad ueniam recurrat postulandam;* 4
þanne on choro to syllanne ge standan mid gedrymre 7
*Quando in (c)horo ad psallendum s(ta)tis. consona. et*
geþwærlice stefne 7 hi aginnan uers þa þa toforan
*concordi uoce psallite. et illi incipiant uersus qui pre* 8
oðran nytwyrðre magon 7 þæt þe oððe
*ceteris utilius possunt. ut ad primam syllabam uel*
to þam oðran oðre samod cuman magon 7 iuuenculi
*secundam ceteri conuenire possint; Et semper iuuenculi* 12
hi kyðan mid healicere stefne sume hwile gereordunge
*uersus nuntient alta uoce; Ad horam uero refectionis*
æfter gefyllednesse þenunge hi anbidian on choro
*post expletionem officii expectent in eclesia in choro* 16
stillice singende þonne hi gehyrað 7
*tacite psallentes; Cum autem audierint cymbalum. cito et*
geendebyrde buton ænigum gehlide hi efstan geþwagenum
*ordin[at]e sine ullo strepitu festinent lotis* 20
handum hi in faran to beodderne gretende rode gewendum
*manibus introire in refectorium. saluantes crucem uersis*
andwlitum to eastdæle 7 þonne clyllnð
*ultibus ad orientem; Et cum secundo cymbalum sonuerit* 24
eall seo gæderunge secce u 7
*ad mensam. omnis congregatio simul dicat uersum. et*
þæt drihtenlic gebed gebigede cwuwa forgifenra bletsunga
*orationem dominicam flectendo genua; Data benedictione* 28
fram þam ealdre hi sittan ænlepie on heora endebyrdnesse
*a priore resideant singuli in ordine suo;*
ne ne gedyrstlæce ænig underfon ænig þinc
[fol. 167b] *Non presumat quisquam prius accipere quicquam* 32
metes ær þonne ær þonne se hlaford
*cibi aut potus. antequam domnus abbas ipse tamen*
þe na aginna þonne ærest underfehð he secge
*non tardet; Cum primum accipit panem: dicat* 36
to his gebroðra 7 he andswarie swa gelice
*fratri suo benedicite. et ille respondeat deus. similiter*

9 *nytwyrðre*] the second r altered from e.

don of drence þonne hi ærest drincað be oðrum
*faciant de potu cum primum biberint; De ceteris uero*

sifligum þe þonne on meosan sind nis neod mare
4 *pulmentaris que tunc in mensa sunt. non est necesse amplius*

bletsunge biddan 7 ær þam þe hi aginne mete niman
*benedictionem petere; Et antequam incipiant cibum sumere*

bidde se rædere 7 he onginne rædan 7 swa swa
8 *petat lector benedictionem. et incipiat legere; Et sicut*

se regol tæcð ne ænig stefn si gehyred buton þæs
*docet regula. nullius uox audiatur nisi solius*

ræderes anes buton for trymmynge syððan sceortlice
12 *legentis. nisi certe pro edificatione aliquid exinde breuiter*

si gesæd syððan hig ænlepige secgan heom betweonan
*dicatur; Postea singuli dicant alterutrum benedicite;*

þonne se ealdor bletsað mete oððe drencg oððe ænig þing
16 *Quando prior benedicit cibum uel potum. uel aliquid*

elles na sittende ac standende he bletsie æppla
*quicquam. non sedendo sed stando benedicat; Poma autem*

oððe gehwylce akennedlica ofeta þa þa to etanna
20 *uel quilibet nascentia terrę que cruda comedenda*

sint swa on tide gereordunga swa æfenþenunge gelice
*sunt siue hora prandii. siue cęne. aequaliter*

underfo fram þam hordere anum gehwylcum breð
24 *fratres recipiant. A cellerario unicuique fratri*

beon todælede 7 æfter oðrum metum æt beode
*partiantur. et statim post alium cibum illic ad mensam*

underþeodde beon geetene gefylledum mete si geendod
28 *subiunctam comedantur; Expleto cibo finiatur et lectio;*

arisende fram meosan gecwedenum ferse se winstra chor
*Surgentes a mensa dicto uersu sinister chorus*

ætga æræst latemæst singende
32 *exeat prior. nouissimus dom[n]us abbas. psallen[fol. 168]tes*

sealm þone fifteoðan sealm todælendlic 7 na ofstlice
*psalmum quinquagesimum distincte et non festinante;*

þonne he in gæð onbed(h)us gebigen hig
36 *Cum introierint oratorium psallentes inclinent se usque ad*

---

2 *biberent*.  25 *todælede*] after the second *e* the beginning of another letter.  34 *festinante*] the scribe first wrote *manifeste* in the text and then added *festinante* over the line.

together with the Latin original. 127

                    hi gebigan  heora cneowwum  æfter
*gloriam.* a[d] *gloriam* autem  *flectant*     *genua sua;*   *Post*
þam drihtenlican dæge          arisende  hi gan  mid
*orationem dominica*m  et *capitulam surgentes.* uadent  cum 4
swige æfter þam þe hit geþwær tima  læt  æfter  æfenne
*silentio secundu*m  *quod*     *tempus*   *congruit; Post uespertina*m
tide on gedafenlicere      ealle togædere hi samod cuman
*horam  competenti  facto signo omnes in unum  conueniunt* 8
on  æfen capitule  7  si geræd  gewrit  þe  getimbre
*in  capitulo uespertino  et  legatur  scriptura  quę  aedificet*
þa gehirenden swa micel swa  seo tid  geþafod
  *audientes        quandiu    hora  promittit. sicut precipit* 12
se regoll geendedra rædinge hi arisa      samod 7 hi secce
*regula;  Finita  lectione  surgant. omnes pariter et  dicat*
               sit ure    help
*domn*us *abbas. Adiutorium  nostrum  in  nomine  domini* 16
andswarian         se þe gewrohte heofon 7 eorðan
*respondea(n)t omnes pariter. qui  fecit   celum et terram;*
afangenum  swige        hi in faran  to nihtsanga
*Recepto  silentio cum reuerentia  intrent  ad completa.* 20
  mid geornfulnesse modes hi don andetnesse heom betwynan
*orent cum  intentione  mentis dent confessiones  alternatim*
hi aginnan       gefylledum  sidelice  þenung  healic
*incipiant  completa;  Expleto   eode*m  *officio summu*m 24
swegen si gehealden on muðe      beon  gebedu  digle
*silentiu*m *custodiatu*r. *et  ore. et corde fiant orationes secrete*
  gemynd         mid wope 7  tearum  7 geomorunge
*recordatio peccatoru*m  *cum fletu. et lacrimis. et  gemitu* 28
oððe siccitunge þæt  an  oðerne  na  derie  þonne eftsona
*seu  suspirio. ut unus  alium  non  noceat; Tunc  iteru*m
hi don  þancas    secgende  ic þancie þe  drihten  þu
*agant  gratias deo dicendo. gratias ago  tibi   domine* 32
halga fæder ælmihtig        þa ðe me gemedemodest
*sancte  pater  omnipotens* [fol. 168b] *qui  me  dignatus est*
on þisan dæge gehealdan þurh þine haligan mildheortnesse
*in  hac  die  custodire  per  tuam  sanctam  misericordiam* 36
  geun     þis  nihte  clænre heortan 7 lichaman
*concede  mihi  hanc  noctem  mundo  corde  et  corpore  sic*

   6 *congru:it*] between *u* and *i* a letter erased.    11 *seo tid geþafod*]
written on the right margin. The *g* of *geþafod* altered from *b.*    15 *sit*
written over the line by glossator.   24 *summu.*

## The Epitome of Benedict of Aniane.

þurhfaran　　swa　　on merien arisenne gecweme　　　　þeowdon
*pertransire　qualiter　　mane　　surgens　gratum　tibi　seruitium*
gelæstan　þæt ic mage　7　mid micelan wærscypa　hi gan　　to
4 *exsoluere　　possim ; 　Et　cum　magna　　cautela　ambulent　in*
cyrican　7　to slæperne　7　þonne　to　agenum　bedde　he cymð
*aecclesia et dormitorio. et　cum　ad proprium stratum uenerit*
　　　　þonne　he hine gelogað　he secge
8 *frater　dum　se　collocauerit　　dicat　　psalmum ; Deus in*
help fultum minne beiymð　　　　　　　　　　　　sete
*adiutorium meum intende. et post gloriam dicat uersum. pone*
　　　　hyrdrædene　　7　oðre　7　swa himsylfan
12 *domine* (*custodiam*) *ori meo et cetera ; Et sicut　sibi　　mane*
he bidde geopenian　　　　　þus　restende　he bidde
*postulauit　aperiri　a domino　sic requiescens　roget　poni*
　　　　　　　　her　lufu　on　an　gegegaderod　to
16 *ori suo custodiam ; Hic affectus　in　unum　　collecti　ad*
gemynde　beon agengebrohte
*memoriam　reducantur ;*

　　12 *custodiam* written by scribe over the line, and *hyrdrædene* by glossator on left margin.

# APPENDIX.

## LIST OF CORRECTIONS AND ALTERATIONS IN THE LATIN PORTIONS OF MS. C.C.C. 191.[1]

$4^{21}$ *Between lines* 21 *and* 22 *is wr. in red capitals* : DE HUMILITATE.

$7^{36}$ retrah$\overset{a}{e}$mus.

$8^4$ diabol$\overset{o}{e}$.

$9^2$ ita :: ordinati sunt, ordines] *after* ita *two letters erased. The* ut *over the line by diff. hd.*

$10^7$ admi $\overset{niculari}{::::::::}$ *About* 8 *letters erased.*

$10^8$ capi$\overset{tan}{e}$nte$\overset{}{.}$.

$10^9$ solaci$\overset{a}{e}$.

$11^{12}$ multiplic$\overset{at}{\&}$.

$11^{23}$ accipi$\overset{a}{e}$nt.

$13^{35}$ accipi$\overset{a}{e}$nt.

$13^{36}$ terti$\overset{u}{a}$m.

$14^2$ accipi$\overset{a}{e}$nt.

$14^{12}$ ceruic$\overset{s}{e}$.

$14^{22}$ accipi$\overset{a}{e}$nt.

$16^8$ coll$\overset{er}{,}$arius.

$16^{12}$ cell$\overset{e\ \ \ io}{a}$ri$\overset{}{a}$.

$17^3$ mi$\overset{sc}{s}$tens.

$18^{37}$ Cellerarius] *the second* e *alt. from* a.

$19^3$ no$\overset{ne}{n}$.

$19^8$ subfr$\overset{tf}{a}$gari.

$19^{23}$ portarius] *the scribe correctly wrote a small* p *for the guidance of the initialler, but the latter wrote* H *thus producing* Hortarius.

$19^{34}$ completorio$\overset{ti}{}$

$20^{26}$ claustra qu$\overset{o}{e}$ cler$\overset{o}{u}$ sibi comissu canonice s$\overset{o\ \ \ uiuendum}{e}$ru$\overset{}{a}$ndu$\overset{}{m}$.

$20^{29}$ t$\overset{portam}{o}$t$\overset{}{a}$m.

$20^{31}$ un$\overset{o}{a}$.

$20^{34}$ singul$\overset{os}{a}$ singuli lect$\overset{ulos}{a}$.

$21^2$ refectori$\overset{o}{a}$.

$22^{20}$ portic$\overset{u}{o}$.

$23^{17}$ dim : dia] *an* e *erased.*

---

[1] See Introduction, p. x, note 1.

24³⁶ mediam. [u over a]

25³ apertęs. [i]

27¹⁰ recitatur. [e]

29¹⁰ inceperint] *first* e *alt. from* i.

29³⁰ tres supplicationis] *the* b *and* a *indicate transposition.* [b over tres, a over supplicationis]

30³¹ temporibus. [i]

32¹³ predictas. [i]

33⁷ bonos. [i]

33²⁵ mox] *the scribe correctly wrote the small* m *as a guidance for the initialler, but the latter wrote* V, *thus producing* Vox.

34¹⁹ proficiscantur. [v]

35³⁰ exili:] *an* o *erased.* [ū]

36⁶ egre:: erint. [ssi fu]

37²¹ dic:: [ens]

39¹³ tecum. [s]

39¹⁶ adolatio. [u]

39²¹ rapana. [i]

39²³ post::: quam aliquis confessus fuerit] aliquis *wr. on margin and* fuerit *o. l. by diff. hd.*

41²⁴ intellegens. [i]

44¹⁷ habe,nt. [a]

46⁴ parentelę. [ĩ tili]

48¹² iunioris *altered by scribe from* senioris.

49¹³ ingen:: ū] it *erased.* [ti]

50²⁵ &i,m ea:: [a que]

50²⁸ pendent. [a]

51² recolendum. [nd]

53³⁴ c:: ruat. [or]

56⁷ p̄ferent. [a]

56¹⁷ ac] aut. [ac]

58¹¹ pendent. [a]

59¹⁴ penetr:] *an* & *erased.* [ahant]

60¹³ adolationib;. [u]

64¹⁸ fulg& [ere]

64²⁰ p̄sū:] i *erased.* [presumi]

67³² paradyso. [i]

69¹⁶ castigendi. [a]

69²¹ clericos. [u]

72³¹ Vinolentęs. [o]

72³⁴ noncupatur. [u]

72³⁵ mentęs. [i]

77²⁷ ppheta *wr. by the scribe on an erasure.*

81¹ benedicentur. [a]

81¹⁸ octauas. [i]

$82^2$ diuid$\overset{a}{e}$nt.

$82^3$ elig$\overset{a}{e}$nt.

$82^3$ secunda :] *a letter erased* (m ?).

$82^5$ dispensa$\overset{\dot{}}{t}$] *the* a *altered to* e.

$85^{37}$ homo] *the first* o *by the scribe on the erasure of another letter* (u ?).

$86^{30}$ ōpensate] *a letter (no doubt* c) *erased before* ō.

$91^{34}$ orfan$\overset{o}{a}$rum.

$98^{18}$ $\overset{fortunatus}{bonifatius}$] *a stroke drawn through* bonifatius.

The manufacturer's authorised representative in the EU for product safety is Oxford University Press España S.A. of El Parque Empresarial San Fernando de Henares, Avenida de Castilla, 2 - 28830 Madrid (www.oup.es/en or product.safety@oup.com). OUP España S.A. also acts as importer into Spain of products made by the manufacturer.
Printed and bound by CPI Group (UK) Ltd, Croydon, CR0 4YY

20/03/2026

02075337-0015